Miriam Dornemann
Malwina Ulrych

Meine Tasche
selbst genäht

4 Handtaschen

72 Beutel und große Taschen

112 Täschchen und Helferlein

146 Allgemeine Anleitung

176 Schnittmuster

Jede Frau braucht einen perfekten Begleiter an ihrer Seite, der für alles zu haben ist. Er sollte uns gern in die Stadt begleiten, ob zur ausgiebigen Shoppingtour oder für gemütliche Stunden im Café. Aber auch einem Wochenendausflug ins Grüne oder einem Theaterbesuch am Abend sollte nichts im Wege stehen. Wenn er uns dann auch noch gute Laune macht, ist er der perfekte Begleiter.

Sie sind noch auf der Suche nach dieser perfekten Begleitung, nämlich Ihrer Lieblingstasche? Dann werden Sie in diesem Buch garantiert fündig. Denn hier erwarten Sie mehr als 40 Taschenmodelle in allen erdenklichen Größen und Formen: von schicken Handtaschen über geräumige Shopper bis hin zu kleinen Täschchen und praktischen Helferlein. Genaue Schritt-für-Schritt-Anleitungen, hilfreiche Tipps und Tricks zum Thema Nähen sowie Inspirationen für eine individuelle Ausstattung sorgen dafür, dass Ihre Tasche auch genau Ihren Vorstellungen entspricht.

Ich wünsche Ihnen viel Vergnügen beim Nähen – und natürlich auch beim Ausführen – Ihres perfekten Begleiters!

Kreative Grüße

Ihre

Miriam Dornemann

Handtaschen

Eine Frau und ihre Handtasche sind absolut unzertrennlich. Manche Handtaschen begleiten uns ein Leben lang, andere holen wir nur zu besonderen Gelegenheiten hervor. Natürlich kann man nicht nur eine haben, denn die Vielfalt an Formen, Farben und Materialien ist schier unermesslich und absolut verlockend. In diesem Kapitel finden Sie Handtaschen in den verschiedensten Größen, Formen und Farben. Und das Beste daran ist: Sie können sie alle haben!

Christine
Seite 28/29

Johanna
Seite 30/31

Susann
Seite 32/33

Katharina
Seite 36/37

Anna
Seite 38/39

HANDTASCHEN | 11

Jasmin
Seite 40/41

Pauline
Seite 42/43

HANDTASCHEN | 13

Klara
Seite 44/45

Annika
Seite 46/47

Lisa
Seite 48/49

Franzi
Seite 50/51

HANDTASCHEN | 17

Sophie
Seite 52/53

Emma
Seite 54/55

HANDTASCHEN | 19

Maria
Seite 56/57

Sophia
Seite 58/59

Maja
Seite 60/61

Marie
Seite 62/63

Cosima
Seite 64/65

Mia
Seite 68/69

Elegante *Christine*

SCHWIERIGKEITSGRAD 2

GRÖSSE
30 cm x 26 cm (34 cm ausgeklappt)

MATERIAL
Oberstoff: Samt in Schwarz, 110 cm x 40 cm

Futterstoff: Baumwollstoff in Gelb gemustert mit Vogelmotiv, 115 cm x 70 cm

Vlieseinlage: Vlieseline H 250, 75 cm x 65 cm

Vliesofix, Rest

Stickgarn in Grau und Creme

Reißverschluss in Grau, 15 cm lang

Metallverschluss in Silber, 23 cm x 8 cm

Metallkette in Silber, ca. 60 cm lang

2 Karabinerhaken in Silber, 3 cm lang

Satinband in Schwarz, 1 cm breit, 2x 35 cm lang

SCHNITTMUSTERBOGEN B

NAHTZUGABEN

Das Schnittteil vom Schnittmusterbogen mit 1 cm Nahtzugabe zuschneiden. Bei den Rechtecken aus Stoff ist die Nahtzugabe bereits in den angegebenen Maßen enthalten. Vlieseinlagen ohne Zugaben zuschneiden.

ANLEITUNG

1... Die Vlieseinlage auf die entsprechenden Zuschnitte des Oberstoffes bügeln.

2... Den Ast gemäß Vorlage auf das Außenfach zeichnen und mit grauem Stickgarn im Rückstich aufsticken. Die Vogel-Applikation auf Vliesofix übertragen, auf Futterstoff bügeln und ausschneiden. Das Motiv auf dem gestickten Ast platzieren und aufbügeln, dann mit gelbem Nähgarn im Heftstich umsticken. Mit grauem Stickgarn ein Auge im Knötchenstich und mit cremefarbenem Stickgarn die Beine sowie Blätter im Heftstich aufsticken (alle Stickstiche siehe Seite 175).

Oberstoff	2x Schnittteil „Tasche"
	1x Schnittteil „Außenfach"
Futterstoff	2x Schnittteil „Tasche"
	1x Schnittteil „Außenfach"
	1x Rechteck für verdeckte Innentasche, 42 cm x 22 cm
	1x Motiv „Vogel" (nach Aufbügeln der Vlieseinlage)
Vlieseinlage	2x Schnittteil „Tasche"
	1 x Schnittteil „Außenfach"

3... Nun das Außenfach rechts auf rechts auf das entsprechende Schnittteil des Futterstoffes legen und zusammennähen. Oben eine Öffnung zum Wenden lassen. Den Stoff wenden, glattbügeln und die Öffnung zunähen.

4... Das Außenfach wie auf dem Schnittmusterbogen abgebildet auf einem der Samtteile platzieren und an den Seiten sowie an der Unterkante annähen.

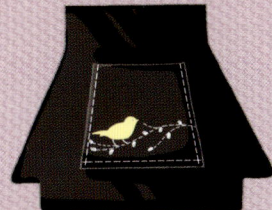

5... Dann eines der Futterteile der Tasche mit einer verdeckten Innentasche mit Reißverschluss versehen (siehe Seite 163, bitte Hinweis beachten). Den Reißverschluss mit ca. 11 cm Abstand zur Oberkante anbringen.

6... Als Nächstes eines der Samtteile rechts auf rechts auf ein Futterteil legen. Die Klappe oben zusammennähen. Dasselbe mit dem zweiten Samt- und Futterteil machen.

7... Nun die beiden Samtteile rechts auf rechts aufeinanderlegen und an den Außenkanten zusammennähen. An den Ecken jeweils die Seitennaht auf die Bodennaht legen und die seitlichen kleinen Abnäher gemäß Zeichnung schließen. Den Überstand abschneiden.

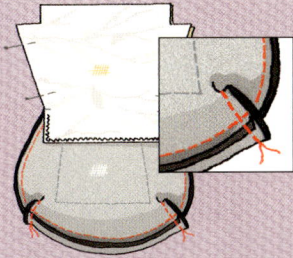

8... Die Futterteile ebenfalls rechts auf rechts legen und zusammennähen. An der Unterkante eine Öffnung von ca. 14 cm lassen. Die Abnäher wie vorher beschrieben nähen. Die Tasche wenden. Die Öffnung glattbügeln und zunähen. Den Futterstoff in die Tasche aus Oberstoff schieben und alles glattbügeln.

9... Nun die Klappe von außen auf dem Metallverschluss platzieren und mit grauem Stickgarn im Rückstich anbringen (siehe Seite 175). Auf jeder Seite direkt unterhalb der Metallklammern ein Stück Satinband mittig annähen. In 1 cm Abstand zur Naht einen Knoten und eine Schleife binden. Die Karabinerhaken des Metallhenkels in die Knoten hängen.

Blumige Johanna

NAHTZUGABEN
Alle Stoffteile mit 1 cm Nahtzugabe zuschneiden. Vlieseinlage ohne Zugaben ausschneiden.

ANLEITUNG

1... Die Zuschnitte aus Vlieseinlage auf die Rückseiten der entsprechenden Teile aus Oberstoff bügeln. Dann jeweils ein Blendenteil rechts auf rechts auf ein Taschenteil legen und um den Griffausschnitt nähen. Die Blende durch das Loch ziehen, sodass die beiden linken Stoffseiten übereinander liegen und ein sauberer Griffausschnitt entsteht. Die Blende eventuell mit einfachen Heftstichen von Hand an der Tasche fixieren. Für die grüne Tasche eine verdeckte Innentasche nach der Anleitung auf Seite 165 in eines der Taschenaußenteile nähen.

2... Die Taschenteile aus Oberstoff rechts auf rechts legen und die Seiten- und Bodennähte schließen. Dann auf beiden Seiten jeweils Seiten- und Bodennaht auseinanderfalten und die Seitennaht auf die Bodennaht legen. So liegen die noch offenen Kanten für die kleinen seitlichen Abnäher aufeinander. Diese Öffnungen nun laut Zeichnung mit einer Steppnaht schließen.

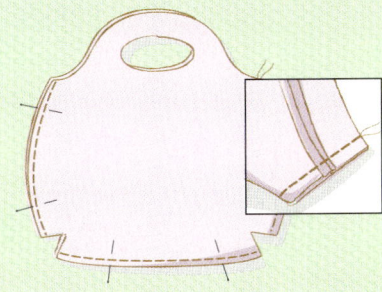

3... Mit den Taschenteilen aus Futterstoff wie in Schritt 2 beschrieben verfahren, dann die Futtertasche auf rechts drehen. Die noch auf links liegende Tasche aus Oberstoff über die Futtertasche stülpen – die Taschen liegen jetzt rechts auf rechts – und beide Taschen am oberen Rand zusammennähen.

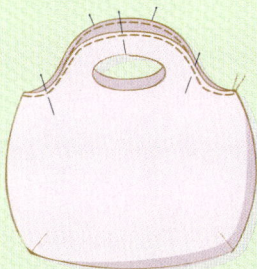

4... Die Tasche durch eines der Grifflöcher auf rechts wenden. Dann das Futter sorgfältig in die Tasche schieben und alles am oberen Rand rundherum nochmals absteppen. Auch an den Grifflöchern Oberstoff und Futter nahe dem Rand zusammennähen.
Für die lilafarbene Tasche aus den Stoffstreifen 3 Rosen anfertigen (siehe Seite 169) und auf die Tasche nähen.

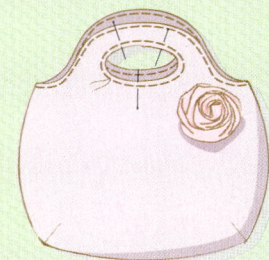

Oberstoff	2x Schnittteil „Tasche"
	2x Schnittteil „Blende"
Futterstoff	2x Schnittteil „Tasche"
	2x Schnittteil „Blende"
Vlieseinlage	2x Schnittteil „Tasche"

SCHWIERIGKEITSGRAD 1

GRÖSSE
ca. 50 cm x 40 cm x 10 cm

MATERIAL
LILAFARBENE TASCHE

Oberstoff: Baumwollstoff in Lila mit Schriftzügen, 80 cm x 60 cm

Futterstoff: Baumwollstoff in Lila mit Blasenmuster, 80 cm x 60 cm

Vlieseinlage (siehe Tipp Seite 160), 80 cm x 60 cm

3 Streifen aus Baumwollstoffen in Lilatönen, je 50 cm x 10 cm

GRÜNE TASCHE

Oberstoff: Baumwollstoff in Hellgrün mit Blumen, 80 cm x 60 cm

Futterstoff: Baumwollstoff in Hellgrün mit kleinen Blumen, 80 cm x 60 cm

Vlieseinlage (siehe Tipp Seite 160), 80 cm x 60 cm

Reißverschluss, 16 cm

SEITE 182 UND SCHNITTMUSTERBOGEN A

Unkomplizierte Susann

SCHWIERIGKEITSGRAD 2

GRÖSSE
30 cm x 27 cm x 16 cm

MATERIAL
Oberstoff: Jeansstoff in Blau mit Nadelstreifen, 110 cm x 50 cm

Futterstoff: Baumwollstoff in Blau, 110 cm x 50 cm

Vlieseinlagen: Vlieseline H 250 und H 630, je 100 cm x 50 cm

Zweiwege-Reißverschluss in Dunkelblau, 70 cm lang

Leder in Braun, 50 cm x 30 cm

Gurtband aus Baumwolle, 3 cm breit, 120 cm lang

Kontaktkleber

SEITE 190 UND SCHNITTMUSTERBOGEN B

	2x Schnittteil „Tasche" im Stoffbruch
Oberstoff	1x Schnittteil „Boden"
	2x Streifen für Griffverstärkung, 12 cm x 6 cm
Futterstoff	2x Schnittteil „Tasche" im Stoffbruch
	1x Schnittteil „Boden"
Vlieseinlagen	je 2x Schnittteil „Tasche" im Stoffbruch
	2x Schnittteil „Boden"
Leder	2x Schnittteil „Leder" im Stoffbruch
	4x Schnittteil „Befestigung Gurtband"

NAHTZUGABEN

Alle Stoffe mit 1 cm Nahtzugabe zuschneiden. Vlieseinlagen ohne Zugaben ausschneiden. An Stoffteilen, die nur auf einen anderen Stoff aufgenäht werden, wird die Nahtzugabe abgeschnitten. So zum Beispiel bei der oberen Kante des Leders oder den Befestigungen für die Griffe.

ANLEITUNG

1... Die Rückseite des Stoffes mit Vlieseline verstärken (siehe Seite 161). Das Leder auf den Taschenteilen zuerst mit Kontaktkleber fixieren, dann entlang der Oberkante knappkantig feststeppen. Die Bodenteile aus Oberstoff und Leder mit Kontaktkleber links auf links aufeinanderkleben. Durch die doppelte Lage erhält der Boden zusätzliche Stabilität.

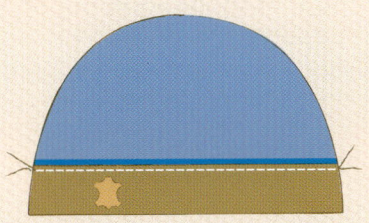

2... Die Taschenteile aus Oberstoff rechts auf rechts legen und die Seiten bis zum oberen Rand des Leders zusammennähen. Die Nähte ausklopfen bzw. pressen, da sie sonst sehr dick sind.

3... Die Taschenteile rechts auf rechts auf das Bodenteil legen und mit Stecknadeln jeweils an den Markierungen auf dem Boden fixieren. Dann die Bereiche dazwischen mit Stecknadeln fixieren. Achten Sie darauf, dass die Stecknadeln nur am Rand durch das Leder gestochen werden, so vermeiden Sie unschöne Löcher im Leder. Danach mit der Nähmaschine die Seitenteile an den Boden nähen. Beachten Sie dazu bitte die Anleitung zum Nähen von Ecken auf Seite 164.

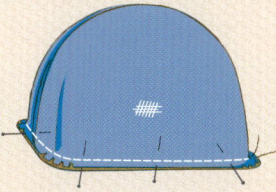

4... Die Tasche auf links lassen und den Reißverschluss an einer Seite mit Stecknadeln an den oberen Bogen heften. Der Schieber liegt dabei auf der Seite des Stoffes, der äußere Rand des Reißverschlusses außen. Entlang der Rundung nähen und mit der anderen Seite ebenso verfahren. Dann die Tasche auf rechts wenden.

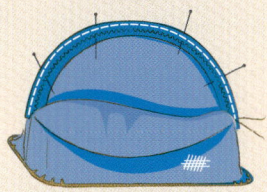

5... Den Futterstoff wie in den Schritten 2 bis 4 beschrieben anfertigen, jedoch nicht auf rechts wenden. Den oberen, noch offenen Rand 1 cm nach außen knicken. Die Tasche aus Futterstoff dann in die gewendete Tasche aus Oberstoff schieben. Das Futter von Hand an die Innenseite des Reißverschlusses nähen.

6... Bei den Stoffstücken für die Griffverstärkung die kurzen Seiten zweimal knapp zur linken Seiten umschlagen und mit der Nähmaschine festnähen. Dann der Länge nach in der Mitte falten – die rechten Seiten liegen nun innen – und den äußeren Rand nähen. Die Griffverstärkungen auf rechts drehen. Das Gurtband in zwei 60 cm lange Stücke teilen. Die Griffverstärkungen über das Gurtband stülpen und mit ein paar Stichen in der Mitte fixieren. Die Enden des Gurtbandes am oberen Rand der Tasche (siehe Markierung) festnähen. Über die Enden des Gurtbandes die Stücke „Befestigung Gurtband" aus Leder nähen, um diese zu verstecken.

7... Die Reißverschluss-Blume wie auf Seite 171 beschrieben anfertigen und von Hand annähen.

Edle Miriam

NAHTZUGABEN

Alle Stoffe mit 1 cm Nahtzugabe zuschneiden. Vlieseinlagen ohne Zugaben ausschneiden. Die Angaben in Klammern beziehen sich auf die Kindertasche.

DAMENTASCHE

1... Die Vlieseinlage 1 auf die linke Seite der Schnittteile aus Oberstoff bügeln. Dann die beiden Lagen mit einer Naht entlang der Kanten (ca. 2 mm vom Rand entfernt) fixieren.

2... Die beiden Teile aus Volumenvlies auf den Futterstoff bügeln. Eines der Futterteile mit einem Innenfach und einer verdeckten Innentasche mit Reißverschluss versehen (siehe Seite 163, bitte Hinweis beachten). Für das Innenfach das Rechteck aus Futterstoff an allen Kanten versäubern. Dafür die Kanten 2x umschlagen, glattbügeln und absteppen. Dann das Innenfach ca. 2 cm unterhalb des Reißverschlusses aufnähen.

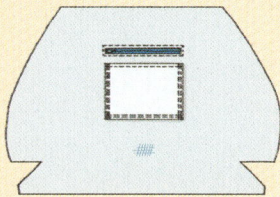

3... Nun die Henkel anfertigen. Dazu die entsprechenden Streifen aus Vlieseinlage 3 und Seide verwenden und wie auf Seite 167 beschrieben flache Henkel daraus nähen. Die Henkel gemäß Markierung anbringen.

4... Die verschiedenen Schnittteile zusammennähen. Achten Sie dabei darauf, dass die Henkel nicht versehentlich eingenäht werden: Ein Futterteil rechts auf rechts auf ein Außenteil legen, feststecken, an der Oberkante zusammennähen und dann auseinanderfalten. Die anderen beiden Taschenteile genauso zusammennähen. Dann die beiden Außenteile rechts auf rechts legen, feststecken und an allen Seiten zusammennähen. Die Abnäher noch nicht nähen. Den Futterstoff ebenfalls feststecken und an allen Seiten zusammennähen, dabei die Abnäher sowie eine großzügige Wendeöffnung von ca. 25 cm in der Mitte der Unterkante offen lassen.

5... Schließlich die Abnäher absteppen; dabei die Nähte rechts und links der Mittelnaht separat nähen, da es schwierig sein kann, über die Mittelnaht zu steppen. Bei dem mit Vlieseinlage 1 verstärkten Oberstoff müssen Sie die Abnäher ggf. von Hand einnähen.
Die Tasche durch die Öffnung hindurch wenden und alles glattbügeln. Die Wendeöffnung zunähen und dann den Futterstoff ins Außenteil stecken.

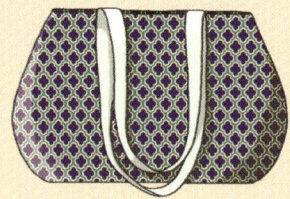

6... Für die Schleife den Vlieseline-Streifen abschrägen und auf den Seidenstreifen bügeln. Den Seidenstreifen längs falten und die Kanten absteppen; in der Mitte eine Öffnung zum Wenden lassen, den Überstand an den Seiten abschneiden. Danach den Schlauch wenden, glattbügeln und die Wendeöffnung zunähen.

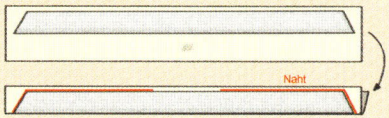

7... Das so entstandene Seidenband an 3 Stellen raffen: in der Mitte sowie ca. 28 cm von den Spitzen entfernt. Die Raffungen fächerartig falten und mit einigen Stichen von Hand fixieren.

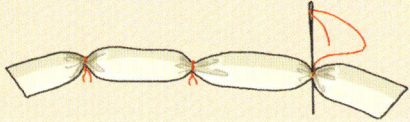

8... Aus diesem Streifen die Schleife legen, dazu die beiden äußeren Raffungen zur mittleren klappen. An dieser Stelle wieder mit einigen Stichen fixieren. Dann aus dem Rechteck für die Schleifenmitte einen ca. 3 cm breiten Schlauch nähen (evtl. mit Vlieseline H 250 verstärkt). Den Schlauch wenden, dann um die Mitte der Schleife wickeln und auf der Rückseite fixieren. Schließlich die fertige Schleife mit einigen Stichen auf der Tasche anbringen.

SCHWIERIGKEITSGRAD 2

GRÖSSE

Damentasche 46 cm x 28 cm x 10 cm

Kindertasche 33 cm x 21 cm x 7 cm

MATERIAL DAMENTASCHE

Oberstoff: Baumwollstoff in Braun gemustert, 110 cm x 35 cm

Futterstoff: Baumwollstoff in Creme, 100 cm x 50 cm

Seide in Creme, 135 cm x 30 cm

Vlieseinlage 1: Dekovil I, 70 cm x 50 cm

Vlieseinlage 2: Vlieseline H 630, 70 cm x 50 cm

Vlieseinlage 3: Vlieseline H 250, 130 cm x 20 cm

Reißverschluss in Creme, ca. 18 cm lang

KINDERTASCHE

Oberstoff: Baumwollstoff in Maulbeere gemustert, 75 cm x 30 cm

Futterstoff: Baumwollstoff in Creme, 75 cm x 45 cm

Seide in Creme, 90 cm x 20 cm

Vlieseinlage 1: Dekovil I, 70 cm x 25 cm

Vlieseinlage 2: Vlieseline H 630, 70 cm x 25 cm

Vlieseinlage 3: Vlieseline H 250, 80 cm x 10 cm

Reißverschluss in Creme, 10 cm lang

SCHNITTMUSTERBOGEN B

Oberstoff	2x Schnittteil „Tasche (klein)"
	2x Schnittteil „Tasche (klein)"
Futterstoff	1x Rechteck für verdeckte Innentasche, 24 cm x 40 cm (16 cm x 30 cm)
	1x Rechteck für Innenfach, 17 cm x 14 cm (14 cm x 12 cm)
Seide	2x Streifen für Henkel, 72 cm x 7 cm (40 cm x 6 cm)
	1x Streifen für Schleife, 132 cm x 22 cm (80 cm x 14 cm)
	1x Rechteck für Schleifenmitte, 8 cm x 10 cm (6 cm x 10 cm)
Vlieseinlage 1+2	je 2x Schnittteil „Tasche"
Vlieseinlage 3	2x Streifen für Henkel, je 70 cm x 5 cm (38 cm x 4 cm)
	1x Streifen für Schleife, 130 cm x 10 cm (78 cm x 12 cm)

KINDERTASCHE

Für die Kinderversion der Tasche verwenden Sie bitte das kleinere Schnittteil. Die Henkel sind 38 cm lang und 2 cm breit. Der Streifen für die Schleife ist 80 cm lang und 6 cm breit. Die Raffungen für die Schleife in der Mitte sowie ca. 17 cm von den Spitzen entfernt anbringen. Der Streifen in der Mitte der Schleife ist ca. 2 cm breit.

Adrette Katharina

NAHTZUGABEN

Alle Schnittteile mit 1 cm Nahtzugabe zuschneiden.

ANLEITUNG

1... Bei der Papageientasche die Vlieseinlage auf die Rückseite des Oberstoffes bügeln, das Leder wird nicht verstärkt. Die beiden Schnittteile „Tasche" rechts auf rechts legen und Seiten- und Bodennaht schließen.

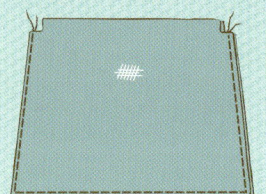

2... Das Paspelband an den Rand der Taschenklappe aus Oberstoff legen, die offenen Ränder liegen dabei am Bogenrand. Das Paspelband ggf. mit einfachen Heftstichen fixieren. Dann die beiden Zuschnitte der Taschenklappe rechts auf rechts legen und den Rand mit einem Reißverschluss-Nähfuß festnähen. Dieser ermöglicht das Nähen direkt an der Wulst des Paspelbandes. Danach die Lasche auf rechts wenden und den Rand nochmals absteppen.

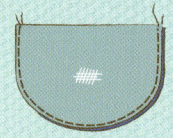

3... Aus dem Futterstoff, wie in Schritt 1 beschrieben, eine Tasche nähen, dabei eine Öffnung zum Wenden der Tasche lassen. Die Tasche auf rechts wenden und in die Tasche aus Oberstoff schieben. Die rechten Stoffseiten von Oberstoff und Futterstoff liegen nun rechts auf rechts aufeinander. Die Taschenklappe auf einer Seite zwischen Ober- und Futterstoff schieben und zentriert am oberen Rand platzieren. Dann den oberen Rand rundum mit einer Naht schließen und die Tasche durch die Öffnung im Futter wenden. Den oberen Rand nochmals absteppen.

Oberstoff	2x Schnittteil „Tasche" im Stoffbruch
	1x Schnittteil „Klappe"
	2x Schnittteil „Kordelenden" (bei lila Tasche aus Lederrest in Braun)
	4x Stoffstreifen für Schlaufen, 2 cm x 5 cm (nur lila Tasche)
	2x Lederstreifen für Schlaufen, 2 cm x 5 cm (nur Ledertasche)
Futterstoff	2x Schnittteil „Tasche" im Stoffbruch
	1x Schnittteil „Klappe"
Vlieseinlage	2x Schnittteil „Tasche" im Stoffbruch (nur lila Tasche)

4... Für die kleinen Schlaufen die Stoffstreifen rechts auf rechts legen und die langen Seiten verschließen. Die Stoffschläuche auf rechts wenden und flachbügeln. Mit den Stoffstreifen die D-Ringe auffädeln und in der Mitte knicken. Bei der Ledertasche entfällt das Nähen der Lederstreifen, sie werden nur auf die D-Ringe aufgefädelt und in der Mitte geknickt.

Die Tasche wieder wenden, der Futterstoff liegt nun außen und der Oberstoff in der Tasche. An den beiden oberen Ecken jeweils die Seitennaht und die Naht am oberen Rand (sie stoßen direkt aneinander) aufeinanderlegen. Die Schlaufe mit dem D-Ring wie auf der Zeichnung dargestellt dazwischenschieben und mit einer Steppnaht schließen. Dann die Tasche auf rechts wenden.

5... An den unteren Ecken die Seitennähte auf die Bodennähte legen und die Ecke gemäß der Linie im Schnittmuster abnähen. Dabei wird nicht nur der Oberstoff, sondern auch das Futter mit festgenäht. Die abgenähte Ecke nach oben knicken und mit einer Niete an der Seite der Tasche befestigen.

6... Zwei Druckknöpfe an den Markierungen auf der Tasche und der Klappe anbringen (Oberteil auf Klappe, Unterteil auf Tasche). Die Kordeln nach der Anleitung auf Seite 168 mit Endstücken für Kordeln versehen. Die Länge des Trägers bestimmen Sie. Den Träger dann mit den Karabinerhaken an den D-Ringen der Tasche befestigen.

SCHWIERIGKEITSGRAD 2

GRÖSSE
28 cm x 21 cm x 9 cm

MATERIAL
LEDERTASCHE
Oberstoff: Leder in Türkis, 50 cm x 50 cm

Futterstoff: Baumwollstoff in Dunkelblau, 50 cm x 50 cm

Baumwollkordel, ø 1,2 cm, 55 cm lang

Paspelband in Blau, 60 cm lang

2 D-Ringe, 1 cm breit

2 Karabinerhaken mit Befestigungsringen, 1 cm

2 Druckknöpfe in Dunkelblau, ø 1,2 cm

2 Nieten in Silber, ø 8 mm

LILA TASCHE
Oberstoff: Baumwollstoff in Lila mit Papageien, 50 cm x 50 cm

Futterstoff: Baumwollstoff in Rosa, 50 cm x 50 cm

Vlieseinlage: Vlieseline H 250, 50 cm x 50 cm

Lederrest in Braun

Baumwollkordel, ø 1,2 cm, 55 cm lang

Paspelband in Weiß, 60 cm lang

2 D-Ringe, 2 cm breit

2 Karabinerhaken mit Befestigungsringen, 1 cm

2 Druckknöpfe in Weiß, ø 1,2 cm

2 Nieten in Silber, ø 8 mm

SCHNITTMUSTERBOGEN B

Anna zum Wenden

SCHWIERIGKEITSGRAD 2

GRÖSSE
Kleine Tasche in Naturtönen
ohne Henkel 32 cm x 35 cm x 5 cm

Große Tasche in Türkis
ohne Henkel 32 cm x 43 cm x 5 cm

MATERIAL
KLEINE TASCHE IN NATURTÖNEN
(Abbildung Seite 11)

Oberstoff 1: Baumwollstoff in Schwarz mit Ranken, 75 cm x 35 cm

Oberstoff 2: Baumwollstoff in Weiß mit Blättern, 120 cm x 35 cm

Futterstoff: Baumwollstoff in Weiß, 120 cm x 45 cm

Stoffrest in Naturtönen mit Kreisen

Vlieseinlage (siehe Tipp Seite 160), 75 cm x 8 cm

Decovil I, ca. 40 cm x 20 cm

4 Ösen, ø 2 cm

GROSSE TASCHE IN TÜRKIS
Oberstoff 1: Baumwollstoff in Weiß mit Retromuster in Türkis-Rosa, 75 cm x 35 cm

Oberstoff 2: Baumwollstoff in Weiß mit Vögeln und Blumen in Türkis-Rosa, 120 cm x 40 cm

Futterstoff: Baumwollstoff in Weiß mit Retromuster in Türkis-Rosa, 120 cm x 60 cm

Vlieseinlage (siehe Tipp Seite 104), 75 cm x 8 cm

Leder in Türkis, Rest

Decovil I, 40 cm x 20 cm

SEITE 182 UND SCHNITTMUSTERBOGEN A

NAHTZUGABEN

Alle Stoffteile mit 1 cm Nahtzugabe zuschneiden. Vlieseinlage und Leder ohne Zugaben ausschneiden.

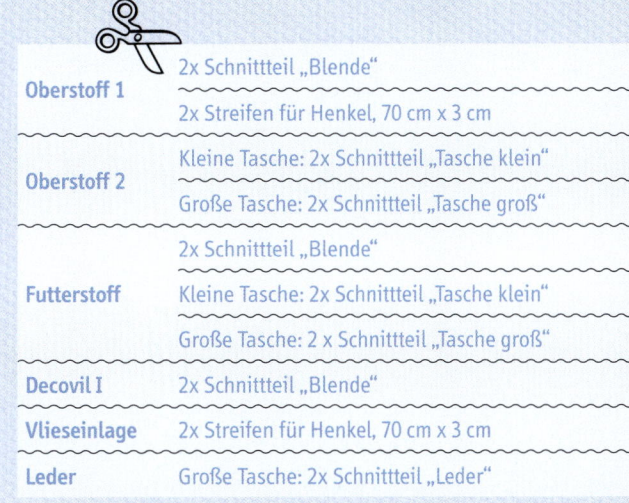

Oberstoff 1	2x Schnittteil „Blende"
	2x Streifen für Henkel, 70 cm x 3 cm
Oberstoff 2	Kleine Tasche: 2x Schnittteil „Tasche klein"
	Große Tasche: 2x Schnittteil „Tasche groß"
Futterstoff	2x Schnittteil „Blende"
	Kleine Tasche: 2x Schnittteil „Tasche klein"
	Große Tasche: 2 x Schnittteil „Tasche groß"
Decovil I	2x Schnittteil „Blende"
Vlieseinlage	2x Streifen für Henkel, 70 cm x 3 cm
Leder	Große Tasche: 2x Schnittteil „Leder"

ANLEITUNG

1... Decovil I und Vlieseinlage jeweils auf die Rückseiten der passenden Zuschnitte aus Oberstoff bügeln. Bei den zwei Taschenteilen aus Oberstoff am oberen Rand die Strecke zwischen den inneren Markierungen von Hand heften und auf 32 cm zusammenraffen. Dann jeweils ein Blendenteil aus Oberstoff rechts auf rechts an das Taschenteil nähen. Dabei liegen die vier Markierungen übereinander.

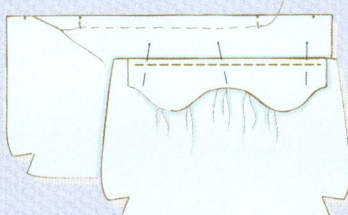

2... Die beiden Taschenteile rechts auf rechts legen und die Seiten- und Bodennähte schließen. Dann auf beiden Seiten jeweils Seiten- und Bodennaht auseinanderfalten und die Seitennaht auf die Bodennaht legen. So liegen die noch offenen Kanten für die kleinen seitlichen Abnäher aufeinander. Diese Öffnungen nun laut Zeichnung mit einer Steppnaht schließen.

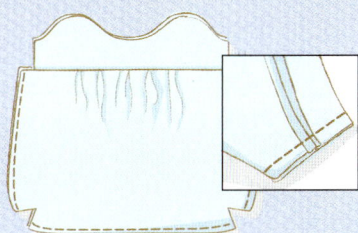

3... Mit den Taschen- und Blendenteilen aus Futterstoff ebenso verfahren. Die Tasche aus Futterstoff auf rechts drehen und die noch auf links liegende Tasche aus Oberstoff darüber stülpen, die Taschen liegen jetzt rechts auf rechts. Die Blenden von Außen- und Innentasche und eine Seite der Oberkanten des Taschenteils gemäß Abbildung zusammennähen. Die gesamte Tasche durch die verbleibende Öffnung auf rechts wenden. Den Futterstoff sorgfältig zurück in die Außentasche schieben und die Tasche entlang der Blendenränder nochmals absteppen. Die überstehenden Seiten des noch offenen Taschenteils (je 3 cm) nach innen klappen und mit einigen Stichen zusammennähen.

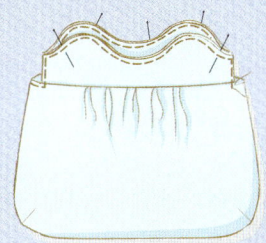

4... Für die Tasche in Naturtönen die Enden der Träger mit einem farblich passenden Stoffrest absetzen, dann je zwei Streifen zusammennähen und dabei eine Öffnung zum Wenden lassen. Die Trägerstreifen auf rechts drehen und nochmals rundherum absteppen. Vier Ösen an den Markierungen in die Blende einschlagen, die Träger durchfädeln und die Enden verknoten. Für die Tasche in Türkis je zwei Trägerstreifen zusammennähen und dabei eine Öffnung zum Wenden lassen. Die Trägerstreifen auf rechts drehen und nochmals rundherum absteppen. Dann am oberen Rand der Tasche aufnähen. Die Enden der Träger unter dem Lederteil verstecken.

Schillernde Jasmin

SCHWIERIGKEITSGRAD 2

GRÖSSE
36 cm x 32 cm x 10 cm

MATERIAL
ORANGEFARBENE TASCHE
Oberstoff: Baumwollstoff mit Blumenmuster in Orange-Türkis, 50 cm x 100 cm

Futterstoff: Baumwollstoff in Orange, 70 cm x 100 cm

Vlieseinlagen: Vlieseline H 250 und H 630, je 50 cm x 100 cm

Reißverschluss in Türkis, 42 cm lang

Leder in Orange, 50 cm x 30 cm (Boden)

Gartenschlauch oder Silikonschlauch (Aquariumbedarf), ø 1,2 cm, 100 cm lang

BRAUNE TASCHE
Oberstoff: Baumwollstoff in Braun mit Elefanten, 50 cm x 100 cm

Futterstoff: Baumwollstoff in Braun, 50 cm x 100 cm

Vlieseinlage: Vlieseline H 250 und H 630, je 50 cm x 100 cm

Reißverschluss in Braun, 42 cm lang

Leder in Braun, 50 cm x 30 cm (Boden) und 70 cm x 40 cm (Griffe)

Gartenschlauch oder Silikonschlauch (Aquariumbedarf), ø 1,2 cm, 100 cm lang

SCHNITTMUSTERBOGEN B

NAHTZUGABEN

Alle Schnittteile mit 1 cm Nahtzugabe zuschneiden. Vlieseinlagen ohne Zugaben ausschneiden. An Teilen, die nur aufgenäht werden, wird die Nahtzugabe abgeschnitten, beispielsweise an der oberen Kante des Leders oder bei den beiden Griffen aus Leder.

ANLEITUNG

1... Die Vlieseinlagen auf die Rückseiten der Schnittteile „Tasche" aus dem Oberstoff bügeln (siehe Seite 160). Dann das Leder zuerst mit Kontaktkleber auf den Taschenteilen fixieren, danach entlang der Oberkante knappkantig feststeppen.

2... Nun je ein Taschenteil aus Oberstoff und ein Taschenteil aus Futterstoff rechts auf rechts legen. Den Reißverschluss gemäß Zeichnung an der oberen Kante zwischen die beiden Stofflagen legen. Der Schieber liegt dabei auf der Seite des Oberstoffes. Dann die beiden Taschenteile und den Reißverschluss zusammennähen. Die beiden Stofflagen an der Naht umknicken. Danach die beiden verbleibenden Taschenteile aus Oberstoff und Futterstoff nach dem gleichen Prinzip an der anderen Seite des Reißverschlusses festnähen, der Schieber liegt dabei wieder auf der Seite des Oberstoffes.

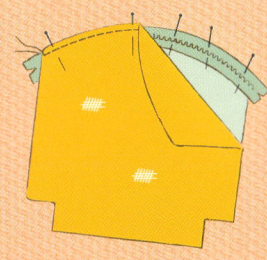

3... Die Taschenteile so legen, dass der Reißverschluss in der Mitte liegt. Auf der einen Seite liegen rechts auf rechts die Teile aus Oberstoff, auf der anderen Seite rechts auf rechts die aus Futterstoff. Durch den oberen Bogen der Tasche wird sich der Reißverschluss wellenförmig legen, die Ränder sollten jedoch gerade liegen. Den Reißverschluss öffnen, so lässt sich die Tasche später einfacher wenden. Nun die Seiten und Bodennähte schließen. Dabei auf der Seite aus Futterstoff eine Lücke zum Wenden lassen. An den vier Ecken jeweils die Seitennaht auf die Bodennaht legen und die seitlichen kleinen Abnäher gemäß Zeichnung schließen. Die Tasche durch die Öffnung wenden, das Loch von Hand schließen und das Futter in die Tasche schieben.

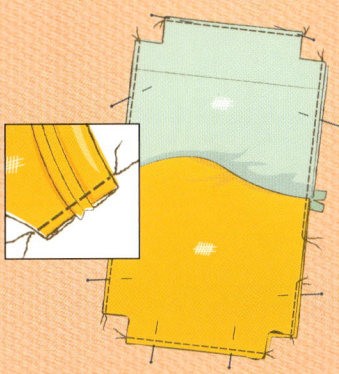

4... Die Träger nach der Anleitung auf Seite 166 anfertigen und an den Markierungen festnähen. Der Abstand zwischen den beiden Enden des Trägers beträgt ca. 14 cm.

Oberstoff	2x Schnittteil „Tasche" im Stoffbruch
Futterstoff	2x Schnittteil „Tasche" im Stoffbruch
	4x Schnittteil „Taschengriff" im Stoffbruch (nur orangefarbene Tasche)
Vlieseinlagen	je 2x Schnittteil „Tasche" im Stoffbruch
	je 2x Schnittteil „Taschengriff" im Stoffbruch (nur orangefarbene Tasche)
Leder	2x Schnittteil „Leder"
	2x Schnittteil „Taschengriff" im Stoffbruch (nur braune Tasche)

Grazile Pauline

SCHWIERIGKEITSGRAD 1

GRÖSSE
25 cm x 13 cm

MATERIAL
JEANSTASCHE (Abbildung Seite 16)
Oberstoff: Jeansstoff in Dunkelblau,
65 cm x 30 cm

Futterstoff: Baumwollstoff in Lila,
65 cm x 30 cm

Vlieseinlage (siehe Tipp Seite 160),
65 cm x 30 cm

Verschiedene gemusterte Dekobänder
in Lila-Grün, 10-20 mm breit,
je 60 cm lang

Magnetverschluss

CORDTASCHE
Oberstoff: Cordstoff in Hellblau,
65 cm x 30 cm

Futterstoff: Baumwollstoff geblümt
in Blau-Türkis, 65 cm x 30 cm

Vlieseinlage (siehe Tipp Seite 160),
65 cm x 30 cm

Bunte Dekobänder, 8-12 mm breit,
je 20 cm lang

Magnetverschluss

Knopf zum Beziehen

SCHNITTMUSTERBOGEN A

NAHTZUGABEN

Alle Stoffteile mit 1 cm Nahtzugabe zuschneiden. Vlieseinlage ohne Zugaben ausschneiden.

ANLEITUNG

Oberstoff	2x Schnittteil „Tasche"
	1x Schnittteil „Lasche"
Futterstoff	2x Schnittteil „Tasche"
	1x Schnittteil „Lasche"
Vlieseinlage	2x Schnittteil „Tasche"
	1x Schnittteil „Lasche"

1... Vor dem Nähen die Teile aus Vlieseinlage auf die Rückseiten aller Zuschnitte aus Oberstoff bügeln. Für die Jeanstasche die Dekobänder laut Foto (siehe Seite 13) in V-Form auf das Laschenteil aus Oberstoff nähen.

2... Für die Lasche die Laschenteile aus Ober- und Futterstoff rechts auf rechts legen und entlang des Bogens zusammennähen. Dann die Lasche auf rechts wenden und einen Teil des Magnetverschlusses an der markierten Stelle des Futterstoffs befestigen.

3... Für die Tasche die beiden Taschenteile aus Oberstoff rechts auf rechts zusammenlegen und die Seitennähte und die Bodennaht schließen. Dann auf beiden Seiten jeweils Seiten- und Bodennaht auseinanderfalten und die Seitennaht auf die Bodennaht legen. So liegen die noch offenen Kanten für die kleinen seitlichen Abnäher aufeinander. Diese Öffnungen nun laut Zeichnung mit einer Steppnaht schließen. Den Magnetverschluss an der markierten Stelle befestigen. Mit den Taschenteilen aus Futterstoff ebenso verfahren, nur keinen Magnetverschluss anbringen.

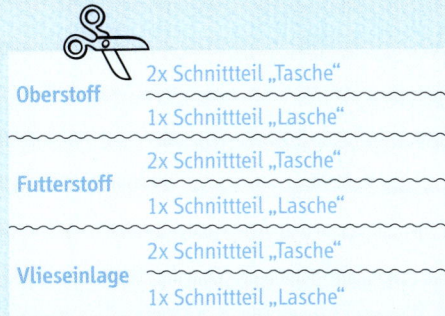

4... Die Tasche aus Oberstoff auf rechts wenden und die Lasche feststecken. Dabei liegt Oberstoff auf Oberstoff rechts auf rechts. Dann die auf links liegende Tasche aus Futterstoff darüber stülpen. Der Futterstoff liegt also rechts auf rechts auf dem Oberstoff.

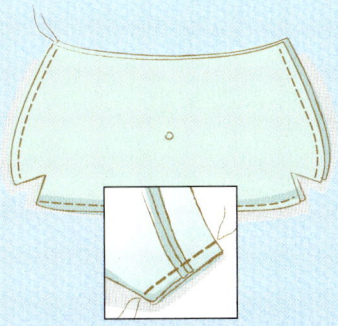

5... Am oberen Rand die Außentasche und die Futtertasche aneinander steppen und dabei eine Öffnung zum Wenden lassen. Die Lasche wird dabei mit angenäht.

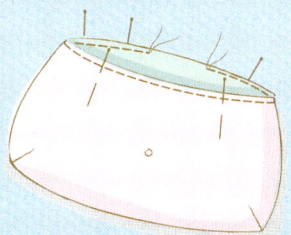

6... Die Tasche durch die Öffnung auf rechts wenden und die Futtertasche sorgfältig in die Außentasche schieben. Dann die Nahtzugabe an der offenen Stelle nach innen schlagen und den oberen Taschenrand und den Laschenrand nochmals knappkantig absteppen. Für die Cordtasche eine Blume aus Dekobändern anfertigen (siehe Seite 169) und auf die Lasche nähen.

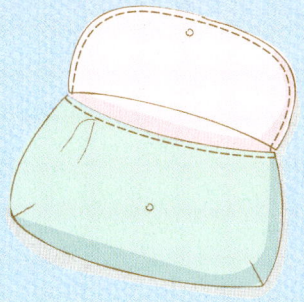

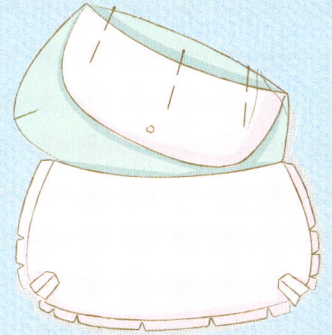

Knallrote Klara

SCHWIERIGKEITSGRAD 2

GRÖSSE
26 cm x 30 cm

MATERIAL
Oberstoff: Cordstoff in Rot,
80 cm x 40 cm

Futterstoff: Baumwollstoff in Grün,
80 cm x 40 cm

3 verschiedene Stoffreste für Windrad

Vlieseinlage (siehe Tipp Seite 160),
80 cm x 40 cm

Reißverschluss, 16 cm

Gurtband bzw. Stoffgürtel,
3,5 cm x 50 cm

Druckknopf, ø 7 mm

Knopf zum Beziehen, ø 15 mm

SEITE 180 UND SCHNITTMUSTERBOGEN A

Wendetasche

Oberstoff	2x Schnittteil „Tasche"
	1x Schnittteil „Schlüsseltasche"
Futterstoff	2x Schnittteil „Tasche"
	1x Schnittteil „Schlüsseltasche"
Vlieseinlage	2x Schnittteil „Tasche"

3... Eine kleine Innentasche am Futterstoff anbringen (siehe Seite 163). Dann die Taschenteile aus Futterstoff rechts auf rechts legen und Seiten und Boden zusammennähen, dabei eine kleine Öffnung zum Wenden der Tasche offen lassen. Anschließend auch hier die seitlichen Abnäher wie bei der Außentasche schließen.

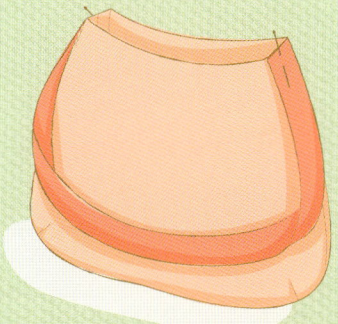

NAHTZUGABEN
Alle Stoffteile mit 1 cm Nahtzugabe zuschneiden. Vlieseinlage ohne Zugaben ausschneiden.

ANLEITUNG

1... Die Zuschnitte aus Vlieseinlage auf die Rückseiten der entsprechenden Oberstoffteile bügeln. Die kleine Tasche (= Schlüsseltasche) nach der Anleitung auf Seite 164 anfertigen und mittig auf ein Taschenteil aus Oberstoff nähen. Unter der Taschenklappe den Druckknopf anbringen.

2... Die Taschenteile aus Oberstoff rechts auf rechts legen und die Seiten- und Bodennähte schließen. Dann auf beiden Seiten jeweils Seiten- und Bodennaht auseinanderfalten und die Seitennaht auf die Bodennaht legen. So liegen die noch offenen Kanten für die kleinen seitlichen Abnäher aufeinander. Diese Öffnungen nun laut Zeichnung mit einer Steppnaht schließen.

4... Die Tasche aus Oberstoff auf rechts drehen und den Träger an den beiden Seiten mit Stecknadeln mittig über der Seitennaht fixieren. Dann die noch auf links liegende Futtertasche über die Außentasche stülpen – die Taschen liegen jetzt rechts auf rechts – und beide Taschen am oberen Rand rundherum zusammennähen. Die Tasche durch die Öffnung im Futter wenden und diese per Hand schließen. Dann die Futtertasche sorgfältig in die Außentasche schieben und den oberen Rand rundherum nochmals absteppen.

5... Aus den Stoffresten ein Windrad anfertigen (siehe Seite 172) und die Tasche damit dekorieren.

Legere Annika

NAHTZUGABEN

Alle Schnittteile ohne Nahtzugabe zuschneiden, diese ist bei diesem Modell bereits enthalten.

ANLEITUNG

1... Die Patchwork-Quadrate ausschneiden. Für die bestickten Teile zunächst die gewünschte Anzahl Quadrate auf den cremeweißen Stoff zeichnen. Die Muster (evtl. auf Karopapier vorzeichnen) mit Bleistift zeichnen, dann den Stoff auf einen Stickrahmen spannen und besticken. Danach die fertig bestickten Quadrate zuschneiden.

2... Nun beginnt das Patchen. Immer 2 Quadrate rechts auf rechts legen und an einer Kante ca. 7 mm vom Rand absteppen. Dies ergibt 28 Paare. Alle Paare an der Naht glattbügeln. Dann die Paare wieder rechts auf rechts legen, an einer der langen Kanten zusammennähen und am Ende wieder glattbügeln. So entstehen 14 Vierergruppen, die gemäß der Abbildung angeordnet werden. Beachten Sie dabei, dass keine zwei Quadrate aus demselben Stoff nebeneinander liegen. Stoffe mit Musterrichtung (wie der gestreifte Stoff) sollten durchweg gleich ausgerichtet sein.

3... Die 14 Vierergruppen zusammennähen: Zuerst 7 Achtergruppen anfertigen. Dann für die Vorder- und Rückseite der Tasche jeweils 3 Achtergruppen zusammennähen. Zwischen diese schließlich die letzte Achtergruppe (Taschenboden) nähen. Nach jedem Schritt die Nähte glattbügeln.

4... Das fertige Patchworkteil sollte ca. 37 cm x 57 cm messen und somit ziemlich genau auf das Stück Volumenvlies passen. Die beiden Lagen aufeinanderbügeln und den Vliesüberstand abschneiden. Sollte das Patchworkteil deutlich kleiner ausfallen, muss das Futterteil etwas angepasst werden (siehe Schritt 6).

5... Aus den langen Stoff- und Vliesstreifen flache Henkel anfertigen (siehe Seite 167). Die Henkel mit doppelten Nähten befestigen.

6... Nun das Taschenfutter vorbereiten. Das Schnittteil „Futter" aus Vlieseinlage 2 auf das entsprechende Teil aus Futterstoff bügeln. Das Schnittteil sollte, verglichen mit dem Patchworkteil, die abgebildeten Maße haben. Wenn das Patchworkteil kleiner ausgefallen ist – was bei so vielen kleinen Teilen vorkommen kann –, muss das Futterteil entsprechend an den Seiten gekürzt werden.

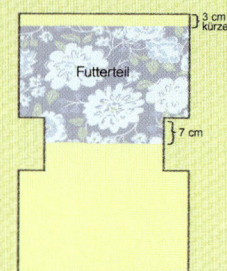

7... Eines der Futterteile mittig mit einem eingenähten Reißverschluss mit verdeckter Innentasche versehen (siehe Seite 165). Der Reißverschluss ist ca. 5–6 cm von der Oberkante entfernt.

Oberstoff	56x Quadrat, 7 cm x 7 cm (hier: 11x Blau geblümt, 10x Blau-Grün gestreift, 11x Hellgrau-Grün mit Kreismuster, 5x Hellgrün, 10x Grün geblümt und 9x Cremeweiß bestickt)
Futterstoff 1	2x Schnittteil „Futter"
	1x Rechteck für Innenfach, 17 cm x 22 cm
	2x Streifen für Henkel, 3,5 cm x 52 cm
Futterstoff 2	1x Rechteck für verdeckte Innentasche, ca. 35 cm x 21 cm
Vlieseinlage 1	1x Rechteck für Oberstoff, 57 cm x 37 cm
Vlieseinlage 2	2x Schnittteil „Futter"
	2x Streifen für Henkel, 3,5 cm x 50 cm

Darunter das Innenfach anbringen: Die Kanten zweimal umschlagen, glattbügeln und absteppen. Das Innenfach ca. 2 cm unterhalb des Reißverschlusses aufnähen.

8... Das Futterteil rechts auf rechts auf das Patchworkteil legen, die oberen Kanten liegen bündig aufeinander. Nun den Reißverschluss wie auf Seite 88 (Schritte 8-10) beschrieben einnähen. Danach das Ganze so hinlegen, dass sich der Reißverschluss in der Mitte befindet, links davon liegen die zwei Futterteile (rechts auf rechts) und rechts davon der Patchwork-Oberstoff (mit dem Volumenvlies nach außen).

9... Die beiden offenen Seitenkanten des Oberstoffs mit feststecken und zusammennähen, dabei das offene Rechteck unten auslassen. Diese offenen Kanten werden dann wie Abnäher aufeinandergesteckt und festgesteppt.

10... Die offenen Seitenkanten des Futterstoffs zusammennähen. Die offene Unterkante wird ebenfalls festgenäht, allerdings nur an den markierten Stellen, sodass in der Mitte eine großzügige Öffnung (15 cm) zum Wenden bleibt. Die Abnäher werden genauso wie im vorherigen Schritt festgenäht.

11... Nun die komplette Tasche durch die Öffnung im Futterstoff wenden. Die Öffnung glattbügeln und zunähen. Dann den Futterstoff in den Oberstoff stecken. Das Außenteil der Tasche ist einige Zentimeter höher als das Futterteil. Dadurch verschwindet der Reißverschluss ein wenig nach innen. Die obere Kante des Außenteils falten und mit einem dekorativen Heftstich (siehe Seite 175) feststicken.

SCHWIERIGKEITSGRAD 2

GRÖSSE
32 cm x 20 cm x 10 cm

MATERIAL
Oberstoff: Baumwollstoffreste in Hellgrün, Cremeweiß, Blau-Grün gestreift, Blau geblümt, Grün geblümt und Hellgrau-Grün mit Kreismuster

Futterstoff 1: Baumwollstoff in Blau geblümt, 35 cm x 105 cm

Futterstoff 2: beliebiger Stoffrest, 35 x 21 cm

Vlieseinlage 1: Vlieseline H 630, 57 cm x 37 cm

Vlieseinlage 2: Vlieseline H 250, 35 cm x 100 cm

Reißverschluss in Weiß, 18 cm lang, und Blau, 30 cm lang

Sticknadel

Stickrahmen

Stickgarn in Blau

SCHNITTMUSTERBOGEN B

Grüngestreifte Lisa

SCHWIERIGKEITSGRAD 3

GRÖSSE
ca. 28 cm x 22 cm x 6 cm

MATERIAL

Oberstoff: Baumwollstoff mit Blumen in Grün, 65 cm x 85 cm

Futterstoff: Baumwollstoff mit Streifen in Grün, 65 cm x 85 cm

Vlieseinlage (siehe Tipp Seite 160), 55 cm x 80 cm

Volumenvlies, 55 cm x 80 cm

Decovil I, 25 cm x 5 cm

Leder, Rest

4 Ösen, ø 5 mm

2 Ösen, ø 15 mm

Gummikordel, 50 cm

Schnalle

SEITE 178 UND SCHNITTMUSTERBOGEN A

Oberstoff	1x Schnittteil „Vorderteil"
	1x Schnittteil „Rückteil mit Deckel"
	1x Seitenstreifen, 69 cm x 6 cm
Futterstoff	1x Schnittteil „Vorderteil"
	1x Schnittteil „Rückteil mit Deckel"
	1x Seitenstreifen, 69 cm x 6 cm
	2x Streifen für Henkel, 4 cm x 80 cm
Vlieseinlage und Volumenvlies	Je 1x Schnittteil „Vorderteil"
	Je 1x Schnittteil „Rückteil mit Deckel"
	Je 1x Seitenstreifen, 69 cm x 6 cm
	Je 1x Streifen für Henkel, 4 cm x 80 cm
Leder	4x Schnittteile „Leder"
Decovil I	1x Streifen für Deckel, 22 cm x 3 cm

NAHTZUGABEN

Alle Stoffteile mit 1 cm Nahtzugabe zuschneiden. Vlieseinlage ohne Zugaben ausschneiden, das Leder erhält nur an den Außenseiten der ellipsenförmigen Teile eine Nahtzugabe.

ANLEITUNG

1... Für den Patchwork-Look je nach Wunsch ein oder zwei Teile des Oberstoffes gegen die gleichen Teile aus Futterstoff tauschen, diese Futterstoffteile als Oberstoffteile verwenden und umgekehrt. Dann die Zuschnitte aus Vlieseinlage auf die Rückseiten der entsprechenden Oberstoffteile (bzw. der ausgetauschten Futterstoffteile) bügeln. Das Decovil I auf den Futterstoff „Rückteil mit Deckel" zwischen die vier Markierungspfeile bügeln. Bei beiden Taschenteilen aus Oberstoff an den unteren Ecken auf der rechten Stoffseite die beiden ellipsenförmigen Lederteile mit Kontaktkleber fixieren und die Rundungen absteppen.

2... Den Seitenstreifen aus Oberstoff rechts auf rechts an das Rückteil mit Deckel aus Oberstoff nähen. Die unteren Markierungen zeigen die Ansatzpunkte für Beginn und Ende des Seitenstreifens. Zum leichteren Nähen der Rundungen die Nahtzugabe des Seitenstreifens einige mm einschneiden. Die Vorderseite ebenso an den Seitenstreifen nähen, dann die Tasche auf rechts drehen.

3... Die Tasche aus Futterstoff wie in Schritt 2 beschrieben anfertigen, jedoch nicht wenden, sondern auf links lassen. Dann über die auf rechts liegende Tasche aus Oberstoff stülpen, die Taschen liegen nun rechts auf rechts. Die beiden Taschen am oberen Rand und um die Klappe zusammennähen, dabei eine kleine Öffnung zum Wenden lassen. Die gesamte Tasche auf rechts drehen, das Futter in die Tasche schieben und den Rand und die Klappe rundherum nochmals absteppen.

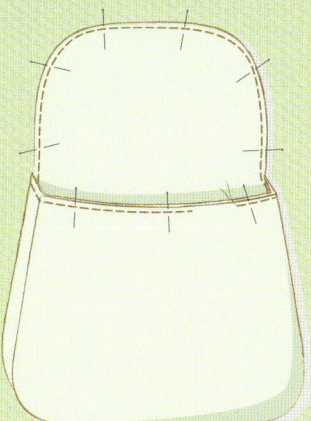

4... Den Kreis und den Halbkreis aus Leder an den markierten Stellen mit Kontaktkleber fixieren und aufnähen. Dadurch werden Oberstoff und Futterstoff zusätzlich verbunden. Auf dem Leder die Schnallenteile anbringen. Die 2 großen Ösen an den markierten Stellen im Deckel einhauen. Sie verbinden Oberstoff, Futterstoff und Decovil I zusätzlich. Die beiden Streifen für den Träger rechts auf rechts legen, zusammennähen und auf rechts wenden. Rundherum noch einmal absteppen, die Enden durch die Ösen ziehen und innen verknoten.

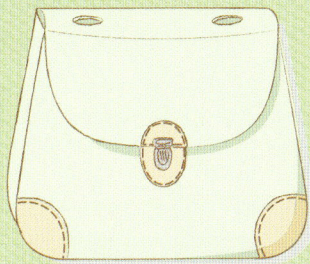

5... In die Seitenstreifen die 4 kleinen Ösen hauen. Der Abstand zum oberen Rand und den Seitenrändern beträgt je 1 cm. Die Gummikordel teilen und so durch die Ösen ziehen, dass die Enden nach außen zeigen. Dann beide Enden zu einer Schleife binden.

HANDTASCHEN

Schicke Franzi

SCHWIERIGKEITSGRAD 2

GRÖSSE
28 cm x 15 cm

MATERIAL
GEPUNKTETE TASCHE
Oberstoff 1: Baumwollstoff in Grün-Weiß gepunktet, 50 cm x 50 cm

Oberstoff 2: Baumwollstoff in Dunkelrot, 50 cm x 15 cm

Futterstoff: Baumwollstoff in Grün-Weiß gepunktet, 50 cm x 50 cm

Vlieseinlage: Vlieseline H 250, 40 cm x 20 cm

Reißverschluss in Weiß, 30 cm lang

Karabinerhaken, 1 cm breit

D-Ring, 1 cm breit

Fischbeinstäbe aus Plastik, 5 mm breit, 60 cm lang (Miederbedarf)

GEBLÜMTE TASCHE
Oberstoff: Baumwollstoff mit floralem Muster in Türkis-Rosa-Grün, 50 cm x 50 cm

Futterstoff: Baumwollstoff in Grün, 50 cm x 50 cm

Vlieseinlage: Vlieseline H 250, 40 cm x 20 cm

Reißverschluss in Grün, 30 cm lang

Fischbeinstäbe aus Plastik, 5 mm breit, 60 cm lang (Miederbedarf)

SEITE 183 UND SCHNITTMUSTERBOGEN B

Hinweis Bitte beachten Sie für die roten Blumen die Materialangaben sowie die Anleitung auf Seite 169.

NAHTZUGABEN

Alle Stoffe mit 1 cm Nahtzugabe zuschneiden. Vlieseinlage ohne Zugaben ausschneiden.

Oberstoff 1	2x Schnittteil „Blende" im Stoffbruch
	2x Schnittteil „Tasche" im Stoffbruch
	1x Streifen für Henkel, 25 cm x 2 cm (nur gepunktete Tasche)
	1x Streifen für D-Ring-Befestigung, 10 cm x 2 cm (nur gepunktete Tasche)
Oberstoff 2	2x Schnittteil „Rüschen" (nur gepunktete Tasche)
Futterstoff	2x Schnittteil „Blende" im Stoffbruch
	2x Schnittteil „Tasche" im Stoffbruch
Vlieseinlage	2 x Schnittteil „Blende" im Stoffbruch

ANLEITUNG

1... Die Vlieseinlage auf die Rückseiten der Blende bügeln. Die Oberkanten der Taschenteile in Falten legen. Dazu die Markierungen zum äußeren Rand hin übereinanderlegen und alles mit Stecknadeln fixieren.
Für die gepunktete Tasche die roten Stoffstreifen der Länge nach falzen und nach Vorlage ebenfalls in Falten legen. Diese Stoffstreifen dann auf die rechten Seiten der Taschenteile legen. Die Blende rechts auf rechts darauf legen. Der gebogene Rand zeigt zum Taschenteil. Vier offene Stoffkanten liegen nun übereinander. Die Stoffe an den oberen Rändern zusammennähen.

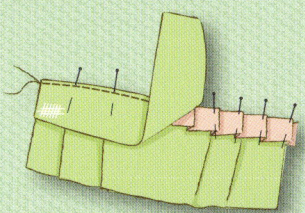

2... Die Taschenteile aus Futterstoff ebenfalls in vier Falten legen und mit Stecknadeln fixieren, dann rechts auf rechts an die Blenden aus Futterstoff annähen. Je ein Taschenteil aus Oberstoff und ein Taschenteil aus Futterstoff rechts auf rechts legen und den Reißverschluss gemäß Zeichnung an der oberen Kante zwischen die beiden Stofflagen legen. Der Schieber liegt dabei auf der Seite des Oberstoffes.

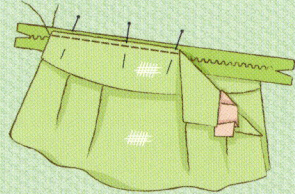

3... Dann die beiden Taschenteile und den Reißverschluss zusammennähen. Die beiden Stofflagen an der Naht umknicken. Als Nächstes die beiden verbleibenden Taschenteile aus Oberstoff und Futterstoff nach dem gleichen Prinzip an der anderen Seite des Reißverschlusses festnähen. Der Schieber liegt dabei wieder auf der Seite des Oberstoffes. Vom Fischbeinstab zwei 27 cm lange Stücke abschneiden und von Hand an die Nahtzugabe nähen.

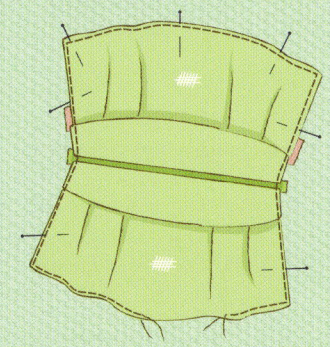

4... Die Taschenteile so legen, dass der Reißverschluss in der Mitte liegt. Auf der einen Seite liegen rechts auf rechts die Teile aus Oberstoff, auf der anderen Seite ebenso rechts auf rechts die aus Futterstoff. Den Reißverschluss öffnen, so lässt sich die Tasche später einfacher wenden. Nun die Seiten und Bodennähte schließen. Dabei auf der Seite aus Futterstoff eine Lücke zum Wenden lassen. Die Tasche durch die Öffnung wenden, das Loch von Hand schließen und das Futter in die Tasche schieben.

5... Die Stoffblüte wie auf Seite 169 beschrieben anfertigen und anstecken.

Hinweis Fischbeinstäbe werden eigentlich zur Versteifung von Korsetts verwendet. Früher wurden die Stäbe aus den Hornplatten von Walen gefertigt. Heute wird dafür Plastik verwendet. Mit den Stäben lassen sich wunderbar Taschen wie diese Clutch versteifen, die ziemlich breit sind, aber etwas Stand haben sollen.

Verspielte Sophie

SCHWIERIGKEITS-GRAD 2

GRÖSSE
Rote Tasche
ca. 38 cm x 28 cm x 9 cm

Kindertasche
ca. 27 cm x 21 cm x 5 cm

MATERIAL
ROTE TASCHE
Wollfilz in Rot, 3 mm stark,
46 cm x 110 cm

Dekoration: bunte Filzreste

Reißverschluss in Rot,
30 cm lang

Druckknopf, ø 1,2 cm

Sticknadel und Stickgarn

KINDERTASCHE
Wollfilz in Grau-Braun,
3 mm stark, 30 cm x 70 cm

Oberstoff 2: Baumwollstoff
gestreift, 92 cm x 10 cm

Baumwollstoffreste

Reißverschluss in Türkis,
22 cm lang

Vlieseinlage: Vlieseline
H 250, 8 cm x 90 cm

SEITE 190 UND SCHNITTMUSTER-BOGEN B

	ROTE TASCHE
Roter Filz	2x Schnittteil „Tasche"
	2x Schnittteil „Reißverschluss"
	1x Schnittteil „Außenfach" im Stoffbruch
	1x Träger, 6 cm x 105 cm
Bunte Filzreste	1x Schnittteil „Blumen"
	KINDERTASCHE
Filz	2x Schnittteil „Kindertasche"
	1x Schnittteil „Seite" im Stoffbruch
	2x Streifen für Reißverschluss, 2 cm x 25,5 cm
Oberstoff 2	1x Trageriemen, 92 cm x 10 cm
Baumwollstoffreste	1x Trageriemen, 3 cm x 90 cm
	5x Schnittteil „Großer Kreis"
	11x Schnittteil „Kleiner Kreis"

NAHTZUGABEN

Alle Schnittteile ohne Nahtzugabe zuschneiden, diese sind bei den Schnittteilen sowie den angegebenen Maßen für Streifen bereits enthalten.

ANLEITUNG
ROTE TASCHE

1... Das Vorderteil der Tasche mit Blumen (siehe Vorlagen auf Schnittmusterbogen B) aus bunten Filzresten dekorieren. Die Kreise sind 5-10 mm groß. Die Blumen und Kreise anordnen und eine nach der anderen mit einer Kombination aus Rückstich und Knötchenstich aufsticken (siehe Seite 175).

2... Das Vorderteil und das Seitenteil links auf links legen und so ausrichten, dass jeweils die Mitte beider Schnittteile aufeinanderliegt. Diesen Punkt feststecken. Dort beginnen, die beiden Teile aneinanderzusteppen. Hierbei langsam und vorsichtig vorgehen und die runden Kanten die ganze Zeit über so ausrichten, dass sie genau aufeinander liegen. Danach ebenso die Rückseite anbringen. Den Überstand des Mittelstreifens abschneiden.

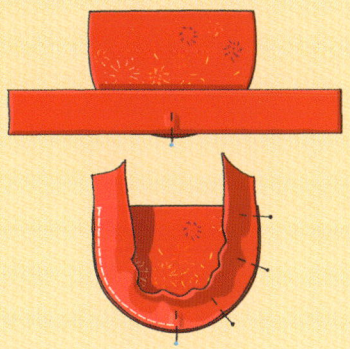

3... Den Träger an beiden Langseiten absteppen. Dann ein Ende mindestens 3 cm tief an die Innenseite des Seitenteils stecken und mit doppelten Nähten feststeppen. Probieren Sie jetzt aus, ob der Träger die passende Länge hat, anderenfalls können Sie ihn am offenen Ende kürzen. Dann das zweite Ende an der anderen Seite annähen.

4... Nun den Reißverschluss vorbereiten. Die zwei schmalen Filzstreifen mit ca. 2 mm Abstand zu den Zähnen auf den Reißverschluss nähen, dabei die Zähnen des Reißverschlusses sauber verdecken. Den fertigen Verschluss links auf links an die offene Oberkante der Tasche nähen.

KINDERTASCHE

1... Die Kreise aus Vlieseline zuschneiden, auf die Stoffreste bügeln, ausschneiden und auf einem der Taschenteile arrangieren. Zuerst die großen, dann die kleinen Kreise feststecken und mit Heftstich (siehe Seite 175) annähen. Dann die Tasche wie bei der roten Tasche beschrieben zusammennähen (Schritt 2).

2... Den Trageriemen aus Baumwollstoff anfertigen. Dazu die Vlieseinlage mittig auf den Baumwollstreifen bügeln und längs falten. Die offene Kante des Stoffstreifens mit 1 cm Nahtzugabe absteppen, sodass ein Schlauch entsteht. Ein Ende des Schlauches zunähen, dann den Schlauch wenden und glattbügeln. Der Riemen ist so breit wie der Vlieselinestreifen.
Den Trageriemen wie bei der roten Tasche beschrieben annähen (Schritt 3) und den Reißverschluss anbringen (Schritt 5).

Griffige Emma

Oberstoff	2x Schnittteil „Tasche"
Futterstoff	2x Schnittteil „Tasche"

NAHTZUGABEN

Alle Teile mit 1 cm Nahtzugabe zuschneiden.

ANLEITUNG

1... Die Taschenteile aus Oberstoff rechts auf rechts legen, die Seitennähte bis zur Markierung zusammennähen und die Bodennaht schließen. Dann auf beiden Seiten jeweils Seiten- und Bodennaht auseinanderfalten und die Seitennaht auf die Bodennaht legen. So liegen die noch offenen Kanten für die kleinen seitlichen Abnäher aufeinander. Diese Öffnungen nun laut Zeichnung mit einer Steppnaht schließen. Den Futterstoff ebenso vorbereiten, jedoch im Boden einen Spalt zum Wenden der Tasche offen lassen.

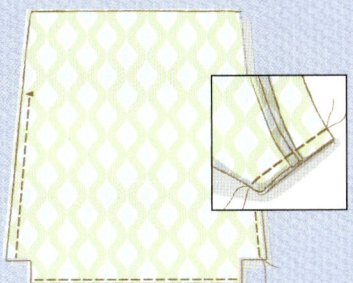

2... Den Futterstoff auf rechts drehen, dann die noch auf links liegende Tasche aus Oberstoff über die Futtertasche stülpen, sodass die beiden Taschen rechts auf rechts liegen. Dann die Seiten oberhalb der Markierung und den oberen Rand schließen.

3... Die Tasche durch die Öffnung im Futter wenden und flachbügeln. Die Wendeöffnung von Hand schließen und die Futtertasche wieder in die Außentasche schieben. Dann den oberen Rand nach außen über den Taschenbügel legen und aufnähen, sodass das Futter außen teilweise sichtbar wird. Abschnittsweise arbeiten, da sich der Stoff sonst kräuselt. Aus dem roten Stoffrest eine Rose anfertigen (siehe Seite 169) und die Tasche damit verzieren.

SCHWIERIGKEITSGRAD 1

GRÖSSE
26 cm x 30 cm

MATERIAL
Oberstoff: Baumwollstoff mit Retromuster in Blau-Grün, 50 cm x 80 cm

Futterstoff: Baumwollstoff in Weiß mit bunten Streifen, 50 cm x 80 cm

Stoffrest in Rot

2 Taschenbügel mit Steg

SCHNITTMUSTERBOGEN A

Wendetasche

Geblümte Maria

SCHWIERIGKEITSGRAD 3

GRÖSSE
ca. 28 cm x 22 cm x 6 cm

MATERIAL
Oberstoff 1: Baumwollstoff mit Blumenmuster in Creme-Rosa, 80 cm x 45 cm

Oberstoff 2: Baumwollstoff in Rosa mit Schriften, 60 cm x 80 cm

Oberstoff 3: Baumwollstoff mit Retroprint in Rosa-Orange, 80 cm x 45 cm

Futterstoff: Baumwollstoff mit Retroprint in Rosa-Orange, 80 cm x 45 cm

Vlieseinlage (siehe Tipp Seite 160), 80 cm x 55 cm

Volumenvlies, 80 cm x 55 cm

Gummikordel, 80 cm

4 D-Ringe, 3 cm breit

4 Nieten

2 Kordelstopper

SEITE 185 UND SCHNITTMUSTERBOGEN A

Oberstoff 1	2x Schnittteil „Tasche"
	1x Seitenstreifen, 69 cm x 6 cm
Oberstoff 2	2x Schnittteil „Gerafftes Teil"
	4x oberer Träger, 3 cm x 75 cm
Oberstoff 3	8x unterer Träger, 3 cm x 22 cm
	4x Streifen für Tunnelzug, 1 cm x 20 cm
Futterstoff	2x Schnittteil „Tasche"
	1x Seitenstreifen, 69 cm x 6 cm
Vlieseinlage	Je 2x Schnittteil „Tasche"
	Je 1x Seitenstreifen, 69 cm x 6 cm
	Je 2x oberer Träger, 3 cm x 75 cm

NAHTZUGABEN

Alle Stoffteile mit 1 cm Nahtzugabe zuschneiden. Vlieseinlage ohne Zugaben ausschneiden.

ANLEITUNG

1... Die Zuschnitte aus Vlieseinlage auf die Rückseiten der Zuschnitte aus Oberstoff 1 und der Zuschnitte für die oberen Träger bügeln. Den oberen Rand des gerafften Teiles aus Oberstoff 2 2x knapp nach innen umschlagen und absteppen. Alle 4 Ränder der Streifen für den Tunnelzug ebenfalls nach innen umklappen und die langen Seiten laut Abbildung auf das geraffte Teil nähen. In der Mitte bleibt eine Lücke von ca. 1 cm. Die vier kurzen Seiten bleiben offen.

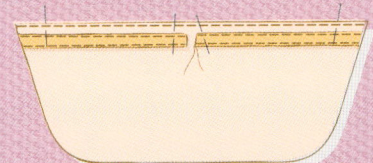

2... Je zwei Stoffteile für den unteren Träger rechts auf rechts legen, mit einer kleinen Wendeöffnung zusammennähen und auf rechts wenden. Ein Ende eines unteren Trägers durch einen D-Ring ziehen und das Ende nach hinten knicken. Den Träger laut Abbildung auf ein Taschenteil aus Oberstoff nähen und dabei das umgeknickte Ende mit festnähen.

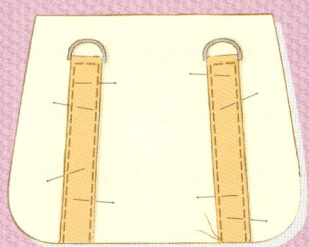

3... Die Gummikordel durch die eine Seite des Tunnelzugs ziehen, dann in der Mitte einen Kordelstopper aufziehen und die Kordel durch den restlichen Tunnelzug fädeln. Die Enden der Gummikordel stehen an den äußeren Rändern über. Dann das Teil mit Tunnelzug links auf rechts auf das Vorderteil legen, die Oberseite auf die passende Weite raffen und den Rand knapp absteppen. Dabei mehrmals über den Tunnelzug mit der Gummikordel nähen, damit diese sich nicht wieder lösen kann. Die Rückseite der Tasche ebenso arbeiten.

4... Den Seitenstreifen an das Vorderteil nähen. Zum leichteren Nähen der Rundungen die Nahtzugabe des Seitenstreifens einige mm einschneiden. Die Rückseite ebenfalls an den Seitenstreifen nähen, dann die Tasche auf rechts drehen.

5... Die Futtertasche wie in Schritt 4 beschrieben nähen, jedoch nicht wenden, sondern auf links lassen. Dann die Futtertasche über die auf rechts liegende Tasche aus Oberstoff stülpen, die Taschen liegen nun rechts auf rechts. Die beiden Taschen am oberen Rand zusammennähen, dabei eine kleine Öffnung zum Wenden lassen. Die gesamte Tasche auf rechts wenden, das Futter sorgfältig in die Tasche schieben und den oberen Rand nochmals rundherum absteppen.

6... Jeweils zwei Streifen für den oberen Träger rechts auf rechts legen, die Enden abrunden und bis auf eine kleine Wendeöffnung zusammennähen. Auf rechts drehen und die Ränder nochmals absteppen. Dann die Träger durch die D-Ringe ziehen, nach außen umknicken und festnähen. Zuletzt mit jeweils einer Niete verzieren.

HANDTASCHEN | 57

Gestreifte Sophia

SCHWIERIGKEITSGRAD 3

GRÖSSE
26 cm x 30 cm

MATERIAL
Oberstoff: Jeansstoff in Dunkelblau, 60 cm x 80 cm

Futterstoff: Baumwollstoff in Weiß mit Streifen in Rosa, 50 cm x 80 cm

Vlieseinlage (siehe Tipp Seite 160), 50 cm x 80 cm

Dekobänder in Orange-Rosa, 5-10 mm breit, 50 cm lang

Baumwollstoff für Blüte in Pink gemustert, Rest

Filz in Rosa, Rest

Leder in Blau, Rest

Vliesofix, Rest

Reißverschluss in Blau, 28 cm

2 Ösen, ø 15 mm

2 Karabinerhaken für 3 cm starke Bänder

2 Nieten, ø 5 mm

SEITE 178 UND SCHNITTMUSTERBOGEN A

Oberstoff	1x Schnittteil „Tasche"
	1x Schnittteil „Tasche" geteilt
	2x Träger, 80 cm x 3 cm
Futterstoff	1x Schnittteil „Tasche"
	1x Schnittteil „Tasche" geteilt
Vlieseinlage	1x Schnittteil „Tasche"
	1x Schnittteil „Tasche" geteilt
	2x Träger, 80 cm x 3 cm
Leder	2x Schnittteil „Leder"

NAHTZUGABEN
Alle Stoffteile mit 1 cm Nahtzugabe zuschneiden. Vlieseinlage und Leder ohne Zugaben ausschneiden.

ANLEITUNG

1... Das Schnittteil „Tasche" zuerst je 1x komplett aus Oberstoff, Futterstoff und Vlieseinlage zuschneiden. Dann für das Vorderteil die Schnittvorlage an der gestrichelten Linie auseinander schneiden, die einzelnen Teile auf Ober- und Futterstoff auflegen und jeweils rundherum (auch an den Schnittkanten) mit 1 cm Nahtzugabe zuschneiden. Beide Teile auch aus der Vlieseinlage ohne Nahtzugaben zuschneiden. Vor dem Nähen die Zuschnitte aus Vlieseinlage auf die Rückseiten der entsprechenden Zuschnitte aus Oberstoff bügeln.

2... Nun den Reißverschluss am Vorderteil einsetzen. Dafür den Jeansstoff an beiden Vorderteilhälften 1,5 cm nach innen umbügeln und den Reißverschluss einnähen. Dabei sollen die umgebügelten Kanten beider Teile nicht aufeinander treffen, sondern über dem Reißverschluss eine Lücke von 1 cm lassen. Dann die Bänder, Borten und die 5 Blütenblätter laut Foto auf die Vorderseite applizieren (siehe Seite 173).

3... Die zwei Taschenteile aus Oberstoff rechts auf rechts legen und an allen vier Seiten zusammennähen. Dann auf beiden Seiten jeweils Seiten- und Bodennaht auseinanderfalten und die Seitennaht auf die Bodennaht legen. So liegen die noch offenen Kanten für die kleinen seitlichen Abnäher aufeinander. Diese Öffnungen nun laut Zeichnung mit einer Steppnaht schließen und die Tasche durch den Reißverschluß auf rechts wenden.

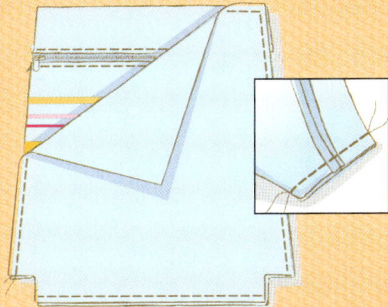

4... Die Futtertasche ebenso zusammennähen. Die Vorderseite ist dabei noch geteilt.

5... Die auf links liegende Futtertasche sorgfältig in die Außentasche einlegen. Am Reißverschluss die Ränder auch hier nach innen umlegen und das Futter von Hand annähen. Am oberen Rand zwei Ösen für die Träger einschlagen. So werden auch Ober- und Futterstoff zusätzlich verbunden.

6... Für den Träger die Stoffstreifen rechts auf rechts legen und die langen Seiten zusammennähen. Den Streifen wenden, flachbügeln und die Ränder mit einem Zierstich versehen. Die Lederstücke durch die Karabinerhaken ziehen und in der Mitte falten. Die Enden des Trägers jeweils dazwischen schieben und mit Kontaktkleber befestigen. Dann zusätzlich festnähen und mit je einer Niete versehen. Zuletzt den Träger mit den Karabinerhaken in die Ösen einhängen.

Maja ganz lila

SCHWIERIGKEITSGRAD 2

GRÖSSE
30 cm x 16 cm x 10 cm

MATERIAL
Oberstoff: Baumwollstoff in Lila mit Libellen, 50 cm x 70 cm

Futterstoff: Baumwollstoff in Lila mit Punkten und Strichen, 75 cm x 70 cm

Vlieseinlage (siehe Tipp Seite 160), 50 cm x 70 cm

Reißverschluss, 35 cm

2 Metallschnallen ohne Mittelstift, 3 cm breit

Schnalle

SEITE 176/177 UND SCHNITTMUSTERBOGEN A

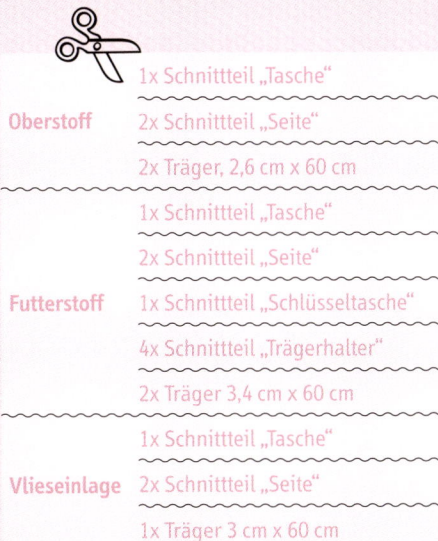

Oberstoff	1x Schnittteil „Tasche"
	2x Schnittteil „Seite"
	2x Träger, 2,6 cm x 60 cm
Futterstoff	1x Schnittteil „Tasche"
	2x Schnittteil „Seite"
	1x Schnittteil „Schlüsseltasche"
	4x Schnittteil „Trägerhalter"
	2x Träger 3,4 cm x 60 cm
Vlieseinlage	1x Schnittteil „Tasche"
	2x Schnittteil „Seite"
	1x Träger 3 cm x 60 cm

NAHTZUGABEN

Alle Stoffteile mit 1 cm Nahtzugabe zuschneiden. Vlieseinlage ohne Zugaben ausschneiden. Bei Verwendung eines Stoffes mit Musterrichtung die Schnittteile für Tasche und Träger nicht im Stoffbruch zuschneiden, sondern die Hälften einzeln mit Nahtzugabe zuschneiden und an der gestrichelten Linie zusammennähen.

ANLEITUNG

1... Den oberen Rand des Taschenteils aus Oberstoff durch einen 2,5 cm breiten Streifen aus Futterstoff ersetzen. Dann die Zuschnitte aus Vlieseinlage auf die Rückseiten der entsprechenden Teile aus Oberstoff bügeln. Die Schlüsseltasche nach der Anleitung von Seite 164 anbringen. Für den Reißverschluss den Oberstoff an beiden Oberkanten 1,5 cm nach innen knicken und den Reißverschluss einnähen. Die beiden eingeknickten Stoffkanten treffen dabei nicht aufeinander, sondern lassen eine Lücke von 1 cm, die den Reißverschluss zeigt.

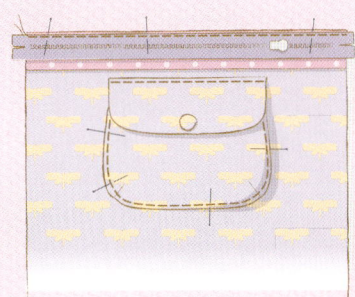

2... Das Taschenteil und ein Seitenteil rechts auf rechts aneinanderlegen und festnähen. Dabei liegen die kleinen Markierungen übereinander. An den Bögen die Nahtzugabe des Taschenteils einige mm einschneiden, so lässt es sich leichter um die Kurve legen. Mit dem zweiten Seitenteil ebenso verfahren.

3... Mit den Teilen aus Futterstoff wie in Schritt 2 beschrieben verfahren, dann die Futtertasche auf rechts wenden und die noch auf links liegende Außentasche darüber stülpen, die Taschen liegen jetzt rechts auf rechts. Bei der Futtertasche an der Oberseite die Nahtzugabe nach innen schlagen und das Futter am Reißverschluss von Hand annähen. Dann die gesamte Tasche durch den Reißverschluss auf rechts wenden.

4... Je 2 Trägerhalter rechts auf rechts legen, die beiden Seiten und den unteren Bogen schließen. Dann auf rechts drehen.

5... Den Trägerhalter durch die Metallschnalle ziehen und den oberen Rand nach hinten knicken. Dann den Halter auf die Seite der Tasche nähen und dabei den umgeknickten Teil mit fixieren.

6... Für die Träger die Vlieseinlagen auf die linke Seite des Futterstoffes bügeln. Die Träger aus Oberstoff in der Mitte zusammennähen, sodass das Muster zur Mitte zeigt. Dann die Träger aus Ober- und Futterstoff rechts auf rechts legen und bis auf eine Wendeöffnung zusammennähen. Nun auf rechts wenden und nochmals die Ränder absteppen. Durch den etwas breiteren Träger aus Futterstoff ergibt sich nach dem Wenden ein interessanter Paspeleffekt. Die Träger auf beiden Seiten durch die Metallschnalle ziehen, die Enden nach innen umklappen und festnähen.

Romantische Marie

SCHWIERIGKEITSGRAD 3

GRÖSSE
ca. 32 cm x 22 cm x 8 cm

MATERIAL

Oberstoff 1: Baumwollstoff mit Retro-Blumenmuster in Rosa-Orange, 150 cm x 60 cm

Oberstoff 2: Baumwollstoff mit Retro-Bogenmuster in Rosa-Orange, 20 cm x 30 cm

Futterstoff: Baumwollstoff in Rosa, 140 cm x 60 cm

Vlieseinlage (siehe Tipp Seite 160), 90 cm x 80 cm

Volumenvlies, 90 cm x 80 cm

Decovil I, 30 cm x 10 cm

Reißverschluss, 16 cm

2 Metallschnallen ohne Mittelstift, 4 cm breit

Karabinerhaken mit zwei D-Ringen

2 Nieten

Zickzack-Borte in Orange, 50 cm

SEITE 191 UND SCHNITTMUSTERBOGEN A

NAHTZUGABEN

Alle Stoffteile mit 1 cm Nahtzugabe zuschneiden. Vlieseinlage ohne Zugaben ausschneiden.
Bei Verwendung eines Stoffes mit Musterrichtung das Schnittteil „Rückteil" an der gestrichelten Linie auseinander schneiden, den unteren Teil richtig herum und den oberen Teil verkehrt herum auf den Stoff auflegen und beide Teile rundherum mit 1 cm Nahtzugabe zuschneiden. Dann die beiden Teile zusammennähen. Das Muster spiegelt sich nun an der Naht. Die Schnittteile „Seitenstreifen" und „Träger" bei Stoff mit Musterrichtung nicht im Stoffbruch, sondern beide Teile in der gleichen Richtung mit rundherum 1 cm Nahtzugabe zuschneiden. Dann an der mit „Stoffbruch" gekennzeichneten Linie zusammennähen.

ANLEITUNG

1... Alle Zuschnitte aus Vlieseinlage und Volumenvlies (außer am Träger) auf die Rückseiten der entsprechenden Oberstoffteile bügeln.

2... Eine Innentasche nach der Anleitung von Seite 163 in den Futterstoff des Schnittteils „Rückteil" einnähen. Die Vordertasche nach der Anleitung von Seite 164 auf den Oberstoff des Schnittteils „Vorderteil" nähen. Beim Aufnähen die Zickzack-Borte dazwischen legen und mitsteppen.

3... Die beiden Stoffstreifen für den Verschluss rechts auf rechts legen und zusammennähen, dabei eine kleine Wendeöffnung frei lassen. Dann auf rechts wenden. 10 cm von diesem Streifen abschneiden.

Ein Ende des längeren Stücks durch den D-Ring mit Karabiner ziehen, umknicken und mittig laut Abbildung auf das Rückteil aus Oberstoff nähen.

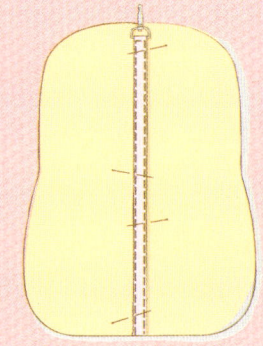

4... Den Seitenstreifen aus Oberstoff rechts auf rechts an das Rückteil aus Oberstoff nähen. Dabei die Markierungen übereinander legen. Zum leichteren Nähen der Rundungen den Seitenstreifen an den Nahtzugaben einige mm einschneiden.

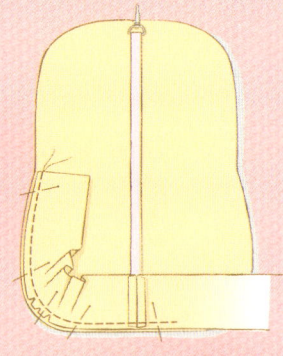

5... Das 10 cm lange Stück des Verschlussstreifens durch den anderen D-Ring ziehen und in der Mitte des Vorderteils aus Oberstoff feststecken. Dann das Vorderteil wie das Rückteil rechts auf rechts auf den Seitenstreifen aus Oberstoff legen und zusammennähen. Auch hier die Markierungen übereinander legen und den Verschlussstreifen mitfassen.

7... Je zwei Trägerhalterteile rechts auf rechts legen und die beiden Seiten und den unteren Bogen schließen. Das Teil auf rechts drehen.

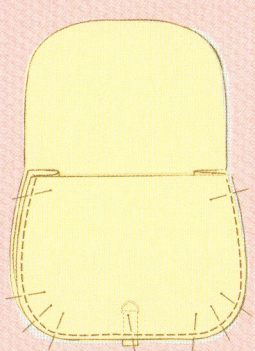

6... Beim Futterstoff ebenfalls Rückteil, Seitenstreifen und Vorderteil zusammennähen. Nun die Zuschnitte aus Decovil I auf die linke Seite des Bodens und 1 cm entfernt vom oberen Rand auf die Seitenteile bügeln. Die Tasche aus Oberstoff auf rechts drehen und die noch auf links liegende Futtertasche darüber stülpen, beide Taschen liegen nun rechts auf rechts. Die Nähte um die Öffnung und die Klappe schließen, nur ein kleines Loch zum Wenden der Tasche offen lassen. Die komplette Tasche wenden, das Futter in die Tasche schieben und den oberen Rand und die Klappe nochmals absteppen.

8... Den Trägerhalter durch die Metallschnalle ziehen und den oberen Rand nach hinten knicken. Dann den Halter unterhalb der Schnalle auf das Seitenteil der Tasche nähen, dabei den umgeknickten Rand mit fixieren. Das zuvor befestigte Decovil I gibt zusätzlichen Halt.

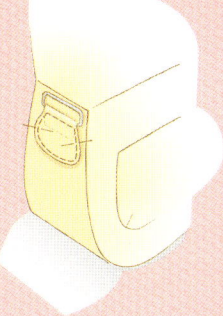

9... Für die Träger die Zuschnitte aus Vlieseinlage auf die Rückseite des Futterstoffes bügeln. Bei Stoffen mit Musterrichtung die Träger aus Oberstoff so in der Mitte zusammennähen, dass das Muster zur Mitte zeigt. Dann die Träger aus Ober- und Futterstoff rechts auf rechts legen, zusammennähen und eine kleine Wendeöffnung frei lassen. Den Träger auf rechts drehen und die Ränder nochmals absteppen. Durch den etwas breiteren Träger aus Futterstoff ergibt sich nach dem Wenden ein interessanter Paspeleffekt. Die Träger durch die Metallschnallen ziehen, ein Stück nach innen umlegen und festnähen.

10... An den Verschlussstreifen je eine Niete befestigen.

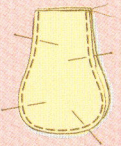

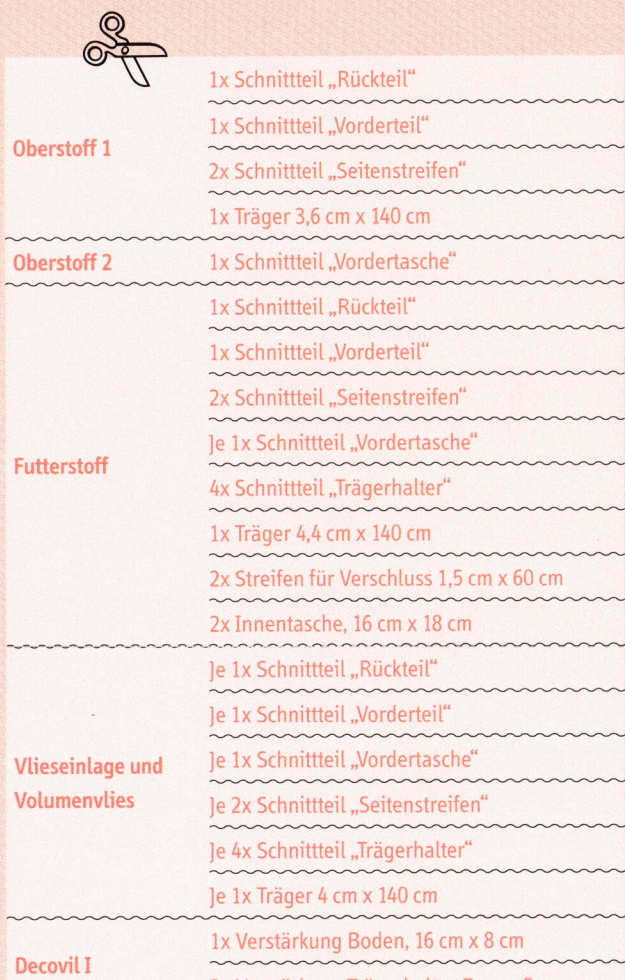

Oberstoff 1	1x Schnittteil „Rückteil"
	1x Schnittteil „Vorderteil"
	2x Schnittteil „Seitenstreifen"
	1x Träger 3,6 cm x 140 cm
Oberstoff 2	1x Schnittteil „Vordertasche"
Futterstoff	1x Schnittteil „Rückteil"
	1x Schnittteil „Vorderteil"
	2x Schnittteil „Seitenstreifen"
	Je 1x Schnittteil „Vordertasche"
	4x Schnittteil „Trägerhalter"
	1x Träger 4,4 cm x 140 cm
	2x Streifen für Verschluss 1,5 cm x 60 cm
	2x Innentasche, 16 cm x 18 cm
Vlieseinlage und Volumenvlies	Je 1x Schnittteil „Rückteil"
	Je 1x Schnittteil „Vorderteil"
	Je 1x Schnittteil „Vordertasche"
	Je 2x Schnittteil „Seitenstreifen"
	Je 4x Schnittteil „Trägerhalter"
	Je 1x Träger 4 cm x 140 cm
Decovil I	1x Verstärkung Boden, 16 cm x 8 cm
	2x Verstärkung Trägerhalter, 7 cm x 5 cm

Wendetasche Cosima

SCHWIERIGKEITSGRAD 2

GRÖSSE
ca. 36 cm x 33 cm x 8 cm

MATERIAL
BLAUE BLUMENTASCHE
Oberstoff 1: Baumwollstoff in Blau mit Blumen, 90 cm x 40 cm

Oberstoff 2: Baumwollstoff in Weiß mit Retromuster, 90 cm x 20 cm

Futterstoff: Baumwollstoff in Weiß mit Retromuster, 90 cm x 60 cm

Vlieseinlage (siehe Tipp Seite 160), 80 cm x 50 cm

ROSA TASCHE (Abbildung Seite 24)
Oberstoff 1: Baumwollstoff in Rosa mit Frau und Hund, 90 cm x 40 cm

Oberstoff 2: Baumwollstoff in Pink, 90 cm x 20 cm

Futterstoff: Baumwollstoff in Pink, 90 cm x 60 cm

Vlieseinlage (siehe Tipp Seite 160), 80 cm x 50 cm

SCHNITTMUSTERBOGEN A

NAHTZUGABEN

Alle Stoffteile mit 1 cm Nahtzugabe zuschneiden. Vlieseinlage ohne Zugaben ausschneiden.

Oberstoff 1	2x Schnittteil „Tasche"
Oberstoff 2	2x Schnittteil „Henkel"
Futterstoff	2x Schnittteil „Tasche"
	2x Schnittteil „Henkel"
Vlieseinlage	2x Schnittteil „Tasche"
	2x Schnittteil „Henkel"

ANLEITUNG

1... Die Zuschnitte aus Vlieseinlage auf die Rückseiten der entsprechenden Teile aus Oberstoff bügeln. Dann die Taschenteile rechts auf rechts legen und die Seiten- und die Bodennaht schließen. Nun auf beiden Seiten jeweils Seiten- und Bodennaht auseinanderfalten und die Seitennaht auf die Bodennaht legen. So liegen die noch offenen Kanten für die kleinen seitlichen Abnäher aufeinander. Diese Öffnungen nun laut Zeichnung mit einer Steppnaht schließen. Die Henkelteile aus Oberstoff rechts auf rechts legen und die schmalen Seitennähte schließen. Mit den Taschen- und Henkelteilen aus Futterstoff ebenso verfahren.

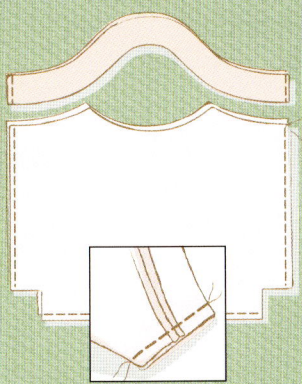

2... Jetzt die Tasche aus Futterstoff auf rechts drehen, dann die noch auf links liegende Tasche aus Oberstoff darüber stülpen – die Taschen liegen jetzt rechts auf rechts – und beide Taschen am kleinen Bogen in der Mitte der Oberkante zusammennähen. Dann die Tasche durch eine der beiden verbliebenen Öffnungen wenden und das Futter zurück in die Außentasche schieben. Für die Henkel das zum Kreis genähte Futterteil in das zum Kreis genähte Oberstoffteil legen (rechts auf rechts) und beide am oberen Bogen entlang rundherum zusammennähen.

3... Das Henkelteil aus Ober- und Futterstoff aufklappen und den Teil aus Oberstoff rechts auf rechts an den noch offenen Stellen des oberen Taschenrandes festnähen. Dazu die Markierungen und Seitennähte übereinander legen.

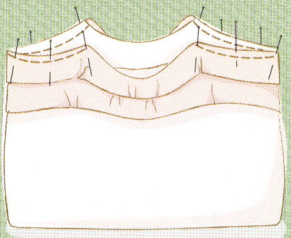

4... Den Futterstoff des Henkels nach innen klappen, die Nahtzugaben nach innen falten und zunächst von Hand an die Futtertasche heften. Dann mit der Maschine einmal rundherum den unteren Rand des Henkels ansteppen.

Tipp Für den Schlüsselhalter einen Stoffstreifen von 10 cm x 2 cm zuschneiden. An diesem alle Ränder nach innen bügeln, dann das Band durch den Karabinerhaken ziehen und die Ränder zusammennähen. Nun das Band mit dem Henkelfutter annähen.

HANDTASCHEN | 65

Modische Nadine

NAHTZUGABEN

Alle Stoffe mit 1 cm Nahtzugabe zuschneiden. Die Vlieseinlage ohne Zugaben ausschneiden.

ANLEITUNG

1... Für die Blumentasche den Blumen- und grünen Retrostoff aneinandernähen. Für die Patchwork-Tasche die Stoffe in ca. 8-10 cm große Quadrate teilen. Diese zu einer Fläche zusammennähen. Daraus die beiden Taschenteile zuschneiden.
Von der Vlieseinlage einen 7 cm breiten Streifen vom unteren Rand abschneiden. Dann beides gemäß Abbildung mit einem 3 mm breiten Abstand auf die linke Seite des Oberstoffes bügeln. Durch den Schnitt lässt sich die Tasche später leichter an dieser Stelle knicken. Den zusätzlichen Streifen aus Vlieseinlage auf die linke Seite des Futterstoffes bügeln, er befindet sich zentriert am unteren Rand.

Oberstoff
Futterstoff

2... Die Taschenteile aus Oberstoff rechts auf rechts legen und die Seiten und den Boden zusammennähen.

3... Die Tasche auf rechts wenden. Den Reißverschluss an der oberen – noch offenen – Kante einnähen. Dafür den Stoff an beiden Seiten 1,5 cm nach innen umbügeln, der Reißverschluss-Schieber zeigt dabei nach oben. Die gebügelten Kanten beider Teile sollen nicht aufeinandertreffen, sondern über dem Reißverschluss eine Lücke von 1 cm lassen. Danach die Tasche wieder auf links wenden.

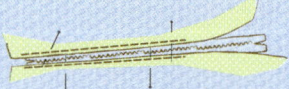

4... Für die kleinen Streifen zum Anbringen der Druckknöpfe an den Ecken der Tasche die Stoffstreifen quer in der Mitte falten, die rechte Seite liegt dabei innen. Die beiden Ränder zusammennähen, dann die Lasche auf rechts drehen.

5... An den 4 Ecken jeweils Seiten-, Boden- bzw. obere Naht auseinanderfalten und die Seitennaht auf die Bodennaht legen. So liegen die noch offenen Kanten für die kleinen Abnäher aufeinander. Die zuvor angefertigten Laschen zwischen die beiden Stoffe schieben. Die geschlossene Seite liegt dabei auf der rechten Seite des Stoffes; nach dem Wenden liegt sie außen. Die Öffnung gemäß der Zeichnung mit einer Steppnaht schließen. Dann die Tasche auf rechts wenden.

6... Eine Tasche aus Futterstoff wie in den Schritten 2, 3 und 5 beschrieben nähen. Anstelle des Reißverschlusses wird der Stoff nur zur linken Stoffseite gelegt und mit ein paar Stecknadeln fixiert. Die Laschen für die Druckknöpfe entfallen ebenfalls, die Abnäher werden ohne diese genäht. Die Futterstoff-Tasche auf links lassen und in die Tasche aus Oberstoff schieben. Den

Oberstoff	2x Schnittteil „Tasche" im Stoffbruch
	8x Schnittteil „Befestigung Gurtband"
Futterstoff	2x Schnittteil „Tasche" im Stoffbruch
	4x Streifen für Druckknopf, 1,5 cm x 4 cm
Vlieseinlagen	2x Schnittteil „Tasche" im Stoffbruch
	2x Streifen, 27 cm x 7 cm (für Boden)

oberen Rand von Hand an die Innenseite des Reißverschlusses nähen. Je 2 Schnittteile „Befestigung Gurtband" rechts auf rechts legen und die äußeren Ränder schießen. Eine Stoffseite einschneiden und die fünfeckige Befestigung dadurch auf rechts wenden. Das Gurtband in der Mitte – also bei 50 cm – teilen. Die Enden hinter die Befestigungen legen. Alles gemäß Abbildung auf die Taschen nähen (siehe Markierung auf Schnittmuster).

7... Zum Schluss die Druckknöpfe an die 4 Laschen und je zwei an die Seiten der Taschen anbringen. Dabei darauf achten, dass Kopf und Vertiefung des Druckknopfs zueinander zeigen.

Hinweis Bei der Patchwork-Tasche wird ein Schutz für die Träger genäht. Dazu zwei 15 cm x 6 cm (zzgl. Nahtzugabe) große Stoffstücke schneiden, der Länge nach knicken, sodass die rechten Stoffseiten innen liegen und die langen Seiten schließen. Den Schlauch auf rechts wenden. Die kurzen Enden ca. 1 cm nach innen legen, alles über die Träger schieben und jeweils beide Enden festnähen. Erst dann die Träger wie oben beschrieben festnähen.

SCHWIERIGKEITSGRAD 2

GRÖSSE
40 cm x 36 cm

MATERIAL BLUMENTASCHE

Oberstoff 1: Baumwollstoff in Hellblau mit Blumendruck, 50 cm x 70 cm

Oberstoff 2: Baumwollstoff in Grün mit Retromuster, 50 cm x 25 cm

Oberstoff 3: Stoffrest in Rot mit Punkten

Futterstoff: Baumwollstoff in Grün mit Retromuster, 50 cm x 85 cm

Vlieseinlage: Vlieseline H 250, 50 cm x 90 cm

Reißverschluss in Weiß, 44 cm lang

Baumwoll-Gurtband in Creme, 3 cm breit, 100 cm lang

PATCHWORKTASCHE

Oberstoff: ca. 5 Baumwollstoffe in verschiedenen Blau- und Rottönen, insgesamt 60 cm x 80 cm

Futterstoff: Baumwollstoff in Hellblau, 50 cm x 80 cm

Vlieseinlage: Vlieseline H 250, 50 cm x 90 cm

Reißverschluss in Rot, 44 cm lang

Baumwoll-Gurtband in Creme, 3 cm breit, 100 cm lang

SCHNITTMUSTERBOGEN B

Mia mit Schmetterling

SCHWIERIGKEITSGRAD 2

GRÖSSE
20 cm x 24 cm

MATERIAL
Oberstoff: Baumwollstoff in Rot gepunktet, 70 cm x 30 cm

Futterstoff: Baumwollstoff in Rot gepunktet, 70 cm x 30 cm

Filz in Pink, Rest

Vlieseinlage (siehe Tipp Seite 160), Rest

Bunte Stoffreste

Webband, 50 cm

Zickzack-Borte in Rot, 50 cm

4 Knöpfe

SEITE 191 UND SCHNITTMUSTERBOGEN A

Wendetasche

Oberstoff	2x Schnittteil „Tasche"
	2x Schnittteil „Blende"
	4x Henkel, 30 cm x 2 cm
Futterstoff	2x Schnittteil „Tasche"
	2x Schnittteil „Blende"
Stoff- und Filzreste	Schmetterlingsteile
Vlieseinlage	2x Schnittteil „Blende"

NAHTZUGABEN

Alle Stoffteile mit 1 cm Nahtzugabe zuschneiden. Den Schmetterling und die Vlieseinlage ohne Zugaben ausschneiden.

ANLEITUNG

1… Den Schmetterling als Fransenapplikation nach der Anleitung von Seite 173 auf Filz nähen, ausschneiden und mit den Knöpfen dekorieren. Das Webband laut Foto auf die Blende nähen.

2… Die Zuschnitte aus Vlieseinlage jeweils auf die Rückseiten der Blendenteile aus Oberstoff bügeln. Die Oberkanten der Taschenteile aus Oberstoff in Falten legen, dazu die Markierungen zur Mitte hin übereinander legen und alles mit Stecknadeln fixieren. Dann je eine Blende rechts auf rechts an ein Taschenteil nähen, dabei jeweils die Hälfte der Zickzack-Borte zwischen die Lagen legen und mitfassen.

3… Beide Teile der Außentasche rechts auf rechts legen und die Seiten- und Bodennähte schließen. Dann auf beiden Seiten jeweils Seiten- und Bodennaht auseinanderfalten und die Seitennaht auf die Bodennaht legen. So liegen die noch offenen Kanten für die kleinen seitlichen Abnäher aufeinander. Diese Öffnungen nun laut Zeichnung mit einer Steppnaht schließen.

4… Die Taschenteile aus Futterstoff an den Oberkanten ebenfalls in vier Falten legen und mit Stecknadeln fixieren. Dann an jedes Taschenteil ein Blendenteil rechts auf rechts annähen. Nun auch bei der Innentasche beide Taschenteile wie in Schritt 3 beschrieben rechts auf rechts zusammennähen.

5… Je 2 Stoffstreifen für die Henkel rechts auf rechts legen und die langen Seiten zusammennähen. Dann die Henkel auf rechts wenden und die Ränder nochmals absteppen. Die Tasche aus Futterstoff auf rechts drehen und die Henkel gemäß Abbildung außen an den oberen Rand der Blende heften. Der Abstand zwischen beiden Henkeln beträgt ca. 8 cm. Die noch auf links liegende Tasche aus Oberstoff über die Tasche aus Futterstoff stülpen, die Taschen liegen nun rechts auf rechts. Beide Taschen am oberen Rand rundherum zusammennähen, dabei eine Öffnung zum Wenden lassen. Die gesamte Tasche auf rechts wenden, das Futter sorgfältig in die Außentasche schieben und den oberen Rand nochmals rundherum absteppen.

6… Den Schmetterling applizieren.

Stilvolle Jana

NAHTZUGABEN

Alle Schnittteile ohne Nahtzugaben zuschneiden, diese sind bei den Schnittteilen sowie angegebenen Maßen für Streifen bereits enthalten.

Filz	2x Schnittteil „Tasche"
	1x Schnittteil „Lasche"
	4x Schnittteil „Kreis"
Baumwollstoff	1x diagonaler Stoffstreifen für Schrägband, 120 cm x 3,5 cm
	2x Streifen für Henkel, je 56 cm x 6 cm
	1x Schnittteil „Kreis"
Vlieseinlage	2x Streifen für Henkel, je 54 cm x 4 cm

ANLEITUNG

1... Zuerst die Abnäher am Schnittteil „Tasche" abnähen. Bei Filz nähen Sie dicht an den Kanten, ca. 5 mm entfernt.
Für jeden Abnäher die Kanten der eingeschnittenen Dreiecke aufeinanderlegen und zusammennähen.

2... Wenn in jedes Teil 2 Abnäher eingenäht sind, die beiden Teile rechts auf rechts legen, mit Stecknadeln fixieren und eng an den Kanten zusammennähen. Bei den Abnähern ist der Filz sehr dick und lässt sich schlecht mit der Nähmaschine verarbeiten. Diese Stellen von Hand zusammennähen. Dann die Tasche wenden.

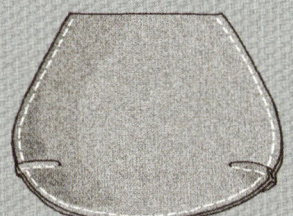

3... Das Schrägband anfertigen (siehe Seite 174). Das Band rund um die offene Oberkante der Tasche heften und annähen.

4... Die Lasche aus Filz ebenfalls rundum mit Schrägband versehen. An der markierten Stelle ein Knopfloch anbringen. Die Lasche mittig auf der Rückseite in ca. 6 cm Abstand zur Oberkante annähen, wobei das Knopfloch auf die Vorderseite zeigt. Den stoffbezogenen Knopf (siehe Seite 153) an der passenden Stelle annähen.

5... Nun die Streifen aus Vlieseinlage auf die Stoffstreifen für die Henkel bügeln und flache Henkel anfertigen (siehe Seite 167). Den Henkel an den markierten Stellen mit doppelten Nähten an der Tasche anbringen. Die Enden der Henkel mit den Filzkreisen verdecken, die mit Stickgarn angebracht werden.

SCHWIERIGKEITS-GRAD 1

GRÖSSE
42 cm x 35 cm

MATERIAL
Wollfilz in Grau meliert, 3 mm stark, 90 cm x 46 cm

Baumwollstoff in Grau und Gelb, 70 cm x 45 cm

Vlieseline H 250, 54 cm x 8 cm

Grundknopf, ø 2,9 cm

Stickgarn in Grau

SCHNITTMUSTER-BOGEN A

Beutel und große Taschen

Es gibt Momente im Leben, da muss es einfach etwas mehr Platz in der Tasche sein. Ob als Handgepäck für Frischverliebte beim spontanen Wochenendtrip oder als Rundum-Sicher-Paket für den ersten Ausflug mit dem lang ersehnten Nachwuchs: Diese Beutel und Taschen stehen in jeder Situation bereit und fassen garantiert alles, was Sie brauchen. Und wenn der Shopping-Trip mal wieder etwas umfangreicher ausfällt, sind sie die perfekten Mitverschwörer!

Isabelle
Seite 86–88

BEUTEL UND GROSSE TASCHEN | 75

Viola Seite 92/93

Fiona
Seite 94/95

Louisa Seite 96/97

Bella Seite 98/99

BEUTEL UND GROSSE TASCHEN | 79

Valerie
Seite 100/101

Laura
Seite 102/103

Pia
Seite 104/105

Lena
Seite 106/107

Alice
Seite 110/111

Praktische Isabelle

SCHWIERIGKEITSGRAD 3

GRÖSSE
50 cm x 34 cm x 10 cm

MATERIAL

Oberstoff 1: Baumwollstoff in Grau mit Blumen, 80 cm x 40 cm

Oberstoff 2: Baumwollstoff in Gelb mit geometrischem Muster, 40 cm x 40 cm

Oberstoff 3: Baumwollstoff in Grau mit Ornamenten, 40 cm x 25 cm

Oberstoff 4: Baumwollstoff in Grau, 70 cm x 25 cm

Futterstoff 1: Baumwollstoff in Gelb mit geometrischem Muster, 110 cm x 40 cm

Futterstoff 2: Baumwollstoff in Grau, 40 cm x 35 cm

Vlieseinlage 1: Vlieseline S 520, 75 cm x 50 cm

Vlieseinlage 2: Vlieseline H 630, 80 cm x 50 cm

Vlieseinlage 3: Vlieseline H 250, 70 cm x 30 cm

Reißverschluss in Grau, 50 cm lang

Klettverschluss, 3 cm x 2 cm

2 Grundknöpfe (zum Beziehen), ø 1,9 cm

Sticknadel, Stickgarn in Grau

SCHNITTMUSTERBOGEN B

NAHTZUGABEN

Die Schnittteile vom Schnittmusterbogen mit 1 cm Nahtzugabe zuschneiden. Bei den Rechtecken und Streifen aus Stoff ist die Nahtzugabe bereits in den angegebenen Maßen enthalten. Vlieseinlagen ohne Zugaben zuschneiden.

ANLEITUNG

1... Zuerst die Schnittteile für die Tasche vorbereiten. Dazu die Schnittteile aus Vlieseinlage 1 auf die Rückseite der entsprechenden Teile des Oberstoffes 1 bügeln; die aus Vlieseinlage 2 auf die entsprechenden Teile aus Futterstoff 1. Beachten Sie bitte die Musterrichtung der Stoffe.

Oberstoff 1	2x Schnittteil „Tasche"
	1x Rechteck für flaches Einsteckfach (Rückseite), 38 cm x 20 cm
Oberstoff 2	2x Schnittteil „Klappe"
	1x Rechteck für hohes Einsteckfach (Rückseite), 38 cm x 29 cm
Oberstoff 3	2x Rechtecke für Fronttaschen, 20 cm x 21 cm
	2x Streifen für Taschenrand, 52 cm x 6 cm
Oberstoff 4	2x Streifen für Henkel, 70 cm x 6 cm
	4x Rechtecke für Henkelabschluss, 5 cm x 4 cm
Futterstoff 1	2x Schnittteil „Isabelle"
Futterstoff 2	2x Schnittteil „Klappe"
	2x Rechtecke für Fronttaschen, 20 cm x 21 cm
Vlieseinlage 1	2x Schnittteil „Tasche"
Vlieseinlage 2	2x Schnittteil „Tasche"
	2x Taschenrand, 4 cm x 50 cm
Vlieseinlage 3	2x Schnittteil „Klappe"
	2x Rechtecke für Fronttaschen, 18 cm x 19 cm
	4x Rechtecke für Henkelabschluss, 5 cm x 4 cm
	2x Streifen für Henkel, 70 cm x 4 cm

2... Nun die Fronttaschen anfertigen: Die Teile aus Vlieseinlage 3 rückseitig auf die aus Oberstoff 3 bügeln. Dann rechts auf rechts auf die entsprechenden Stücke aus Futterstoff 2 legen und zusammennähen. Dabei an der oberen Längskante eine Öffnung zum Wenden lassen. Den Stoff wenden, glattbügeln und die Öffnung zunähen. Als Nächstes den Stoff entsprechend der Zeichnung falten. Beide Taschen dann ca. 8–9 cm unterhalb der Oberkante auf einem der Taschenteile aus Oberstoff platzieren, feststecken und annähen.

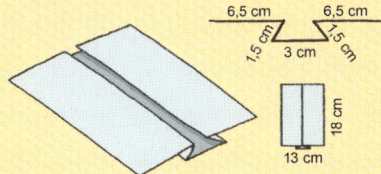

3... Die Klappen aus Oberstoff 2 mit den entsprechenden Teilen aus Vlieseinlage 3 verstärken. Dann rechts auf rechts auf die entsprechenden Teile aus Futterstoff 2 legen und zusammennähen; dabei oben eine Öffnung zum Wenden lassen.

Den Stoff wenden und glattbügeln. In der Mitte der Klappe ein Knopfloch von 2,5 cm Länge anbringen. Die Klappen über den bereits angenähten Fronttaschen positionieren, feststecken und annähen.

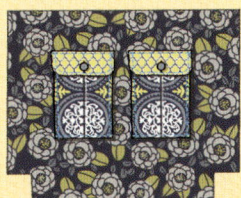

Die Knöpfe mit Futterstoff 2 beziehen. Mit Schneiderkreide die genaue Position des Knopfs markieren und den Knopf annähen. Die Vorderseite der Tasche ist fertig.

4... Nun die Einsteckfächer für die Rückseite anfertigen. Das flache Einsteckfach kann so ausgeschnitten werden, dass sich sein Muster möglichst nahtlos ins Muster der Taschenrückseite einfügt. Zuerst die Oberkante jedes Rechtecks versäubern: entlang der Kante einen ca. 7 mm breiten Streifen zweimal umschlagen, glattbügeln und absteppen.

BEUTEL UND GROSSE TASCHEN

Das flache Einsteckfach rechts auf links auf das hohe legen – die Unterkanten sind bündig – und beides entlang der Unterkante zusammennähen. Dann das flache Rechteck umklappen, sodass beide rechten Seiten oben liegen. Das flache Einsteckfach kann jetzt noch weiter unterteilt werden: zwei senkrechte Trennungen abstecken und absteppen, so entstehen drei schmale Fächer. Nun die seitlichen Kanten 2x umschlagen, glattbügeln und absteppen. Auf der Rückseite der hohen Einstecktasche mittig an der Oberkante ein Stück Klettverschluss annähen.

5… Das Einsteckfach mit einem Abstand von ca. 4 cm zur Oberkante auf die Taschenrückseite legen. Die Position des Klettverschlusses markieren und dessen Gegenstück annähen. Dann die Einsteckfächer an der Unter- und den Seitenkanten annähen.

6… Die zwei Außenteile oben jeweils mit dem Taschenrand versehen. Den Streifen rechts auf rechts bündig an die Oberkante legen, feststecken und genau über dem Ende der festen Vlieseinlage absteppen. Dann den passenden Streifen aus Volumenvlies genau über der Naht auf den grauen Streifen bügeln. Die Nahtzugabe glattbügeln.

7… Die Henkel aus Oberstoff 3 mit den entsprechenden Teilen aus Vlieseinlage verstärken und gemäß der Anleitung auf Seite 167 zusammennähen. Die Henkel an den markierten Stellen auf dem Oberstoff annähen. Über die Ansatzstellen die Henkelabschlüsse setzen, die vorher mit Vlieseinlage verstärkt werden: diese ausschneiden, rückseitig auf den Stoff bügeln und die Nahtzugabe nach innen bügeln. Die Stoffstücke dann mit grauem Stickgarn über den Henkelenden befestigen.

8… Nun alle Teile zusammennähen. Zuerst die Vorderseite der Tasche mit der rechten Seite nach oben hinlegen. Den Reißverschluss auflegen. Er liegt oben bündig, der Schieber liegt auf der Seite des Oberstoffes. Dann den Futterstoff mit der rechten Seite nach unten darüberlegen. Die 3 Lagen mit Stecknadeln fixieren und mit dem Reißverschlussfuß nahe an den Zähnen zusammensteppen. Achten Sie darauf, dass sich die Henkel nicht in der Naht verfangen.

9… Die Stoffteile umklappen, sodass sie links auf links liegen und der Reißverschluss wieder sichtbar ist. Nun das zweite Oberteil rechts auf rechts auf das erste legen. Das zweite Futterteil liegt ebenso rechts auf rechts auf dem ersten. Die Oberkanten liegen wieder bündig am Reißverschluss. Die drei Lagen an der Oberkante mit Stecknadeln fixieren und nahe am Reißverschluss zusammennähen. Den Reißverschluss vor dem Zusammennähen öffnen, sonst lässt sich die Arbeit nicht wenden.

10… Danach alles so hinlegen, dass sich der Reißverschluss in der Mitte befindet, die zwei Futterteile auf der einen Seite (rechts auf rechts) und die zwei Oberteile auf der anderen Seite (ebenfalls rechts auf rechts). Alle Seiten mit Stecknadeln fixieren.
Die Oberteile an den Seiten und an der Unterkante absteppen. Die Abnäher in den Ecken frei lassen. Die Futterteile ebenfalls zusammennähen, allerdings an der Unterkante eine großzügige Öffnung zum Wenden lassen. An den vier Ecken jeweils die Seitennaht auf die Bodennaht legen und die seitlichen kleinen Abnäher schließen.

11… Schließlich die Tasche durch die Öffnung im Futterstoff wenden. Das ist etwas schwieriger aufgrund der festen Vlieseinlage, gehen Sie bitte mit Vorsicht und Geduld vor. Danach alle Teile glattbügeln; evtl. als Bügelhilfe eine dicke Zeitschrift durch die Wendeöffnung schieben. Anschließend die Wendeöffnung glattbügeln und zunähen. Das Futterteil in die Tasche stecken. Den grauen Kontraststreifen entlang der Mitte falten, sodass der Reißverschluss ein wenig nach innen rutscht und verdeckt wird, und mit einem dekorativen Heftstich feststicken (siehe Seite 175).

Kesse Leonie

SCHWIERIGKEITSGRAD 2

GRÖSSE
40 cm x 36 cm x 13 cm

MATERIAL
GEBLÜMTER RUCKSACK
Oberstoff: fester Baumwollstoff in Lila mit Blumenmuster, 110 cm x 60 cm

Futterstoff 1: fester Baumwollstoff in Grün und Pink mit geometrischem Muster, 110 cm x 65 cm

Futterstoff 2: Baumwollstoff in Weiß, 50 cm x 70 cm (Innentaschen)

Vlieseinlage 1: Vlieseline H 250, 20 cm x 18 cm

Vlieseinlage 2: Dekovil I, 13,5 cm x 26 cm

Kordel in Gold, ø 6 mm, 105 cm lang

Grundknopf, ø 2,9 cm

je 1 Reißverschlüsse in Pink und Violett, 20 cm lang

2 Ösen in Gold, ø 1,4 cm

Druckknopf in Schwarz, ø 1,2 cm

2 Rundbundschnallen in Silber, 2 cm (Riemen)

LEINENRUCKSACK
Oberstoff: Leinen in Beige, 110 cm x 90 cm

Futterstoff 1: Leinen in Dunkelbraun, 110 cm x 70 cm

Vlieseinlage 1: Vlieseline H 250, 90 cm x 60 cm

Vlieseinlage 2: Dekovil I, 13,5 cm x 26 cm

2 Reißverschlüsse in Dunkelbraun, 20 cm lang

2 Ösen in Gold, 1,4 cm

2 Druckknöpfe in Schwarz, ø 1,2 cm

2 Rundbundschnallen in Silber, 2 cm (Riemen)

SEITE 188/189 UND SCHNITTMUSTERBOGEN B

Oberstoff	1x Schnittteil „Rucksack" im Stoffbruch
	1x Schnittteil „Klappe" (rund oder eckig)
	1x Schnittteil „Klappe Außenfach"
	2x Streifen für Träger oben, je 40 cm x 5,5 cm (nur geblümter Rucksack)
Futterstoff 1	1x Schnittteil „Rucksack" im Stoffbruch
	1x Schnittteil „Klappe" (rund oder eckig)
	1x Schnittteil „Außenfach"
	1x Rechteck für Innenfach, 20 cm x 20 cm
	1x diagonaler Streifen, 82 cm x 3,5 cm (Schrägband)
	2x Streifen für Träger unten, 90 cm x 3,5 cm
	2x Streifen für Träger oben, 40 cm x 5,5 cm (nur Leinenrucksack)
Futterstoff 2 (bei der Leinenversion Oberstoff verwenden)	1x Schnittteil „Außenfach"
	1x Schnittteil „Klappe Außenfach"
	2x Rechteck für verdeckte Innentasche, 25 cm x 52 cm
Vlieseinlage 1	1x Schnittteil „Klappe" (rund oder eckig)
	1x Schnittteil „Rucksack" im Stoffbruch (nur Leinenrucksack)
Vlieseinlage 2	1x Schnittteil „Boden"

NAHTZUGABEN

Die Schnittteile vom Schnittmusterbogen mit 1 cm Nahtzugabe zuschneiden. Bei den Rechtecken und Streifen aus Stoff ist die Nahtzugabe bereits in den angegebenen Maßen enthalten. Vlieseinlagen ohne Zugaben zuschneiden.

ANLEITUNG

1... Für den Leinenrucksack die Vlieseinlage 1 auf das Schnittteil aus Oberstoff bügeln. Das Futterteil mit dem Innenfach versehen. Dazu das Stoffquadrat an allen Seiten versäubern: entlang der Kante 2x umschlagen, glattbügeln und absteppen. Das Quadrat mittig ca. 16 cm unterhalb der Oberkante aufnähen. Mit 2 cm Abstand darüber einen Reißverschluss mit verdeckter Innentasche anbringen (siehe Seite 163).

2... Die Schnittteile „Außenfach" sowie „Klappe Außenfach" aus Ober- und Futterstoff rechts auf rechts legen und zusammennähen, dabei an der Oberkante jeweils eine Öffnung zum Wenden lassen. Dann wenden, glattbügeln und die Oberkante absteppen.

3... Auf der Klappe des geblümten Rucksacks ein ausreichend großes Knopfloch mittig einnähen. Den Knopf wie auf Seite 153 beschrieben mit Futterstoff 1 beziehen. Das Außenfach auf der Vorderseite des Oberstoffes platzieren, feststecken und annähen. Die Klappe darüber anbringen. Die passende Stelle für den Knopf auf dem Außenfach markieren und den Knopf annähen. Beim Leinenrucksack einen Druckknopf annähen.

4... Nun auf der Vorderseite des Oberstoffes mittig über der Fronttasche ca. 5 cm unterhalb der Oberkante die beiden Ösen anbringen.

5... Auf der anderen Oberstoffhälfte (Rückseite) mit einem Abstand von 12 cm zur Oberkante einen Reißverschluss mit verdeckter Innentasche anbringen (siehe Seite 163).

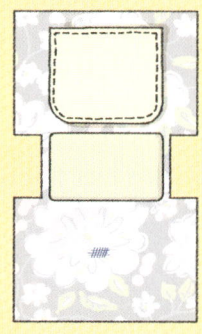 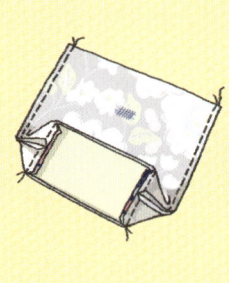

6... Nun das Schnittteil „Boden" aus Vlieseinlage 2 gemäß der Abbildung auf die linke Seite des Oberstoffes bügeln. Dann den Oberstoff rechts auf rechts falten, die Seitenkanten feststecken und zusammennähen. Die Kanten des Abnähers aufeinanderlegen und ebenfalls absteppen. Die Tasche wenden und bügeln.

7... Den Futterstoff wie oben beschrieben falten und zusammennähen. Die Tasche aus Futterstoff in die Tasche aus Oberstoff schieben. Die beiden Lagen entlang der Oberkante feststecken und in ca. 5 cm Abstand zur Oberkante eine Naht absteppen. So werden beide Taschenteile verbunden und ein Tunnelzug gefertigt.

Die Kordel genau über die Naht legen und die Enden durch die Ösen an die Vorderseite ziehen und verknoten. Dann die offenen Oberkanten des Ober- und Futterstoffs mit Zickzackstich zusammennähen. Das Schrägband rundherum anheften und annähen.

8... Die Rucksackklappe aus Futterstoff mit Vlieseinlage 1 verstärken. Dann rechts auf rechts auf das Schnittteil aus Oberstoff legen und zusammennähen. An der geraden Kante eine Öffnung zum Wenden lassen. Den Stoff wenden, glattbügeln und die Wendeöffnung zunähen. Die Klappe mittig auf der Rückseite annähen. Je nachdem, wie breit die Schrägbandkante und wie fest der Stoff ist, können Sie die Klappe bündig mit der Schrägbandunterkante oder noch 1 cm darunter annähen.

9... Nun die Träger anfertigen. Diese bestehen aus zwei Teilen, die mit einer Schnalle verbunden werden. Für den unteren Teil jedes Tragegurtes die Längskanten der längeren Stoffstreifen mithilfe eines Schrägbandformers falten, sodass ein 1,8 cm breiter Streifen entsteht. Ein Ende gemäß Abbildung durch die Klammer fädeln und zur Hälfte durchziehen, dann falten und absteppen, sodass ein einziger Streifen von etwas weniger als 45 cm entsteht. Den Stoffstreifen dann an den Außenkanten absteppen.

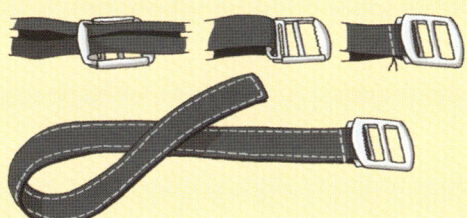

10... Für die oberen Teile der Träger die kürzeren Stoffstreifen mittig längs falten und mit 2 cm Abstand vom Falz absteppen, sodass ein 2 cm breiter Schlauch entsteht. Davon ein Ende absteppen. Den Schlauch durchs offene Ende wenden (evtl. ein Essstäbchen o. Ä. zur Hilfe nehmen) und glattbügeln. Beim offenen Ende 1 cm des Stoffes nach innen stülpen und dann auch dieses absteppen.

11... Die Träger entsprechend der Abbildung durch die Klammer fädeln. Die Länge kann beliebig verstellt werden.

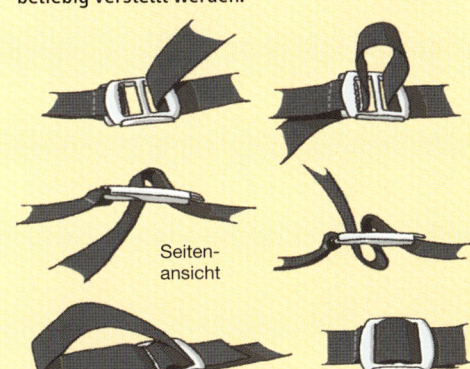

Seitenansicht

12... Schließlich die Träger am Rucksack anbringen. Das obere Ende des Riemens ist jenes, welches aus dem Stoffschlauch gefertigt wurde. Die beiden Enden mittig unterhalb der Rucksackklappe anbringen. Dabei darauf achten, dass die Kordel des Rucksacks nicht mit angenäht wird. Die anderen Riemenenden jeweils an einer Ecke des Bodens feststeppen. Dann die Riemen auf die gewünschte Länge einstellen.

Hinweis Für ein Streifenpatchwork, wie es beim Leinenrucksack für die Klappen benötigt wird, verschieden breite Streifen an den Längsseiten aneinandernähen. Die Nahtzugaben glattbügeln. Dann das Schnittmuster aus Vlieseline aufbügeln, die Teile zusammennähen und danach mit Nahtzugabe ausschneiden.

BEUTEL UND GROSSE TASCHEN | 91

Anmutige Viola

NAHTZUGABEN
Alle Stoffteile mit 1 cm Nahtzugabe zuschneiden. Vlieseinlage und Leder ohne Zugaben ausschneiden.

ANLEITUNG

1... Die Zuschnitte aus Vlieseinlage und Volumenvlies auf die Rückseiten der entsprechenden Teile aus Oberstoff 1 bügeln. Eine verdeckte Tasche mit Reißverschluss nach der Anleitung von Seite 163 in ein Schnittteil „Tasche" aus Oberstoff 1 nähen. Das Stoffstück aus Oberstoff 2 in der Mitte falten und links auf links zusammenlegen, sodass die rechte Seite außen liegt. Dann laut Abbildung auf das Taschenteil mit dem Reißverschluss nähen und 3 kleine Taschen absteppen.

2... Die Seitenteile aus Oberstoff mit den langen Seiten rechts auf rechts auf das Vorderteil mit den Taschen legen und annähen. Dabei nicht bis zum unteren Rand nähen, sondern die Naht 1 cm vorher beenden.

3... Nun die Seitenteile unten 1 cm nach oben klappen und fixieren. Dann den Boden aus Oberstoff mit der langen Seite rechts auf rechts an das Vorderteil legen und die untere Naht schließen. Dabei ebenfalls an beiden Seiten je 1 cm frei lassen. Jetzt jeweils die kurzen Seiten der Seitenteile und die kurzen Seiten des Bodens rechts auf rechts zusammenlegen und zusammennähen. Jeweils drei Nähte treffen nun aufeinander. Dann das 2. Teil „Tasche" aus Oberstoff als Taschenrückseite rechts auf rechts an die Seitenteile und den Boden stecken und festnähen. Die Tasche aus Oberstoff auf rechts drehen.

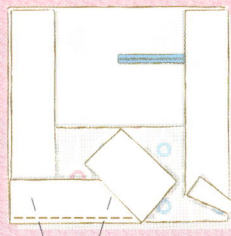

4... Aus dem Futterstoff wie in Schritt 2 und 3 beschrieben ebenfalls eine Tasche nähen.

5... Die noch auf links liegende Tasche aus Futterstoff über die Tasche aus Oberstoff stülpen, die Taschen liegen jetzt rechts auf rechts. Dann beide Taschen am oberen Rand zusammennähen, dabei eine kleine Wendeöffnung frei lassen. Die gesamte Tasche wenden, das Futter sorgfältig in die Außentasche schieben und den oberen Rand rundherum nochmals absteppen. Das Gurtband halbieren und die Enden je einer Hälfte am oberen Rand der Tasche festnähen. Der Abstand zwischen beiden Enden beträgt ca. 14 cm. Über die Enden des Gurtbandes einen Rest Leder nähen, um diese zu verstecken.

SCHWIERIGKEITSGRAD 3

GRÖSSE
30 cm x 30 cm x 6 cm

MATERIAL
Oberstoff 1: Baumwollstoff in Weiß mit Blumen und Vögeln, 90 cm x 40 cm

Oberstoff 2: Baumwollstoff mit Retrodesign in Türkis-Rosa, ca. 40 cm x 40 cm

Futterstoff: Baumwollstoff mit Retrodesign in Türkis-Rosa, ca. 90 cm x 40 cm

Leder in Türkis, Rest

Vlieseinlage (siehe Tipp Seite 160), ca. 90 cm x 40 cm

Volumenvlies, ca. 90 cm x 40 cm

Reißverschluss, 14 cm

Gurtband, 3 cm x 80 cm

SEITE 179 UND SCHNITTMUSTERBOGEN A

Oberstoff 1	2x Schnittteil „Tasche"
	3x Schnittteil „Boden/Seite"
Oberstoff 2	1x Schnittteil „Tasche"
Futterstoff	2x Schnittteil „Tasche"
	3x Schnittteil „Boden/Seite"
Volumenvlies und Vlieseinlage	Je 2x Schnittteil „Tasche"
	Je 3x Schnittteil „Boden/Seite"
Leder	4x Schnittteil „Leder"

BEUTEL UND GROSSE TASCHEN | 93

Fiona in Jeans

NAHTZUGABEN
Alle Stoffteile mit 1 cm Nahtzugabe zuschneiden. Vlieseinlage ohne Zugaben ausschneiden.

Oberstoff	1x Schnittteil „Boden"
	1x Schnittteil „Kleingeldtasche"
	2x Schnittteil „Oberseite"
	2x Schnittteil „Seite"
	1x Stoffstreifen für Reißverschluss, 30 cm x 1 cm
	4x Stoffstreifen für Aufhängung D-Ring, 3 cm x 8 cm
Futterstoff	1x Schnittteil „Boden"
	2x Schnittteil „Oberseite"
	2x Schnittteil „Seite"
Vlieseinlage und Volumenvlies	Je 1x Schnittteil „Boden"
	Je 1x Schnittteil „Kleingeldtasche"
	Je 2x Schnittteil „Oberseite"
	Je 2x Schnittteil „Seite"
Decovil I	1x Bodenverstärkung, 55 cm x 23 cm

ANLEITUNG

1... Die Zuschnitte aus Vlieseinlage und Volumenvlies auf die Rückseiten der Teile aus Oberstoff bügeln. Dann den längeren Reißverschluss an die langen, geraden Seiten der Schnittteile „Oberseite" nähen. Dazu die Kanten 1,5 cm nach innen schlagen und den Reißverschluss einnähen. Die beiden eingeschlagenen Stoffkanten treffen dabei nicht aufeinander, sondern lassen eine Lücke von 1 cm, die den Reißverschluss zeigt.

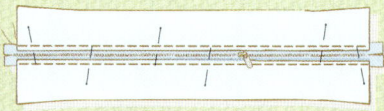

2... Nun das Oberseiten-Reißverschluss-Teil mit den beiden kurzen Seiten rechts auf rechts an die beiden kurzen Seiten des Bodens aus Oberstoff legen und die Teile zusammennähen.

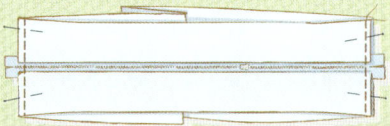

3... Je zwei kleine Stoffstreifen für die Aufhängung rechts auf rechts legen und an den langen Seiten zusammennähen. Die Streifen auf rechts wenden und zur Hälfte durch die D-Ringe ziehen.
Vom Gurtband 2x 25 cm abtrennen und jeweils seitlich am Bodenteil direkt unterhalb des Reißverschlusses feststecken. Die Aufhänger mit den offenen Seiten darunter schieben und mit festnähen.

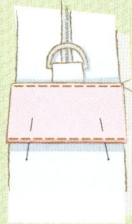

4... Die Kleingeldtasche an eine Seite des kürzeren Reißverschlusses nähen, dazu die Kante des Stoffteiles 1,5 cm nach innen schlagen. Die andere Seite des Reißverschlusses an den 30 cm langen Stoffstreifen nähen, diesen dabei an den langen Seiten knapp nach innen schlagen. Dann die Kleingeldtasche mit Reißverschluss mittig und bündig zur Unterkante auf eine Taschenseite aus Oberstoff nähen. Die Enden von zwei 40 cm langen Gurtbändern durch die Metallschnallen ziehen und laut Abbildung auf die Tasche nähen. Die Seitennähte der Kleingeldtasche verschwinden somit unter den Gurtbändern. Die zweite Taschenseite aus Oberstoff ohne Kleingeldtasche ebenfalls mit Gurtbändern versehen.

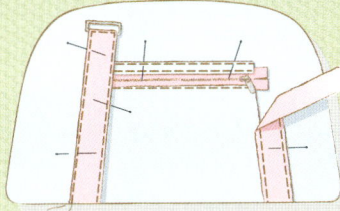

5... Das aus Oberseite und Boden zusammengenähte Teil rundherum rechts auf rechts auf die Seitenteile aus Oberstoff legen und zusammennähen. Dabei liegen die Markierungen an den Seitenteilen und die Naht zwischen Oberseite und Boden direkt übereinander. Die Tasche durch den Reißverschluss auf rechts wenden.

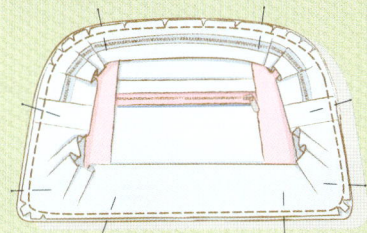

6... Mit den Oberteilen, dem Bodenteil und den Seitenteilen aus Futterstoff ebenso eine Tasche anfertigen, anstelle des Reißverschlusses bleibt eine entsprechende Lücke. Das Decovil I auf die linke Seite des Futterstoffes auf den Boden bügeln. Dann die auf links liegende Tasche aus Futterstoff sorgfältig in die Außentasche einlegen und das Futter von Hand am Reißverschluss annähen. Die Bodennägel am Boden befestigen und damit Oberstoff, Futterstoff und Decovil I nochmals verbinden.

7... Vom restlichen Gurtband 2x 85 cm abschneiden. Die Enden eines Bandes jeweils durch zwei nebeneinander liegende Schnallen ziehen, ein Stück umknicken und festnähen. Damit die Enden des Gurtbandes nicht ausfransen, diese mit einem Feuerzeug vorsichtig anschmelzen.

SCHWIERIGKEITSGRAD 2

GRÖSSE
ca. 64 cm x 40 cm x 23 cm

MATERIAL
Oberstoff: Jeansstoff in Dunkelblau, 140 cm x 110 cm

Futterstoff: Baumwollstoff in Weiß, 140 cm x 110 cm

Reißverschluss grob, 80 cm

Reißverschluss grob, 30 cm

Vlieseinlage (siehe Tipp Seite 104), 140 cm x 110 cm

Volumenvlies, 140 cm x 110 cm

Gurtband, 5 cm breit, 4 m lang

Decovil I, 60 cm x 25 cm

4 Metallschnallen ohne Mittelstift, 5 cm breit

4 Bodennägel

2 D-Ringe, 3 cm breit

SCHNITTMUSTERBOGEN A

Wendige Louisa

NAHTZUGABEN

Alle Stoffteile mit 1 cm Nahtzugabe zuschneiden. Vlieseinlage ohne Zugaben ausschneiden.

ANLEITUNG

1... Die Taschenteile aus Oberstoff rechts auf rechts legen und Seiten und Boden zusammennähen. Dann auf beiden Seiten jeweils Seiten- und Bodennaht auseinanderfalten und die Seitennaht auf die Bodennaht legen. So liegen die noch offenen Kanten für die kleinen seitlichen Abnäher aufeinander. Diese Öffnungen nun laut Zeichnung mit einer Steppnaht schließen. Das Decovil auf der linken Seite auf den Boden über die Naht legen und durch Bügeln fixieren.

2... Mit den Taschenteilen aus Futterstoff ebenso verfahren, jedoch keine Vlieseinlage aufbügeln. Dann die Futtertasche auf rechts drehen. Nun die noch auf links liegende Außentasche über die Futtertasche stülpen, die beiden Taschen liegen jetzt rechts auf rechts. Die geschwungenen Ränder am oberen Rand zusammennähen. An den oberen Trägerenden ausreichend Platz zum Wenden und Zusammennähen lassen. Dann die Tasche durch eine der Trägeröffnungen wenden, das Futter sorgfältig in die Tasche schieben und alles flachbügeln.

4... Für die kleine Tasche aus den Stoffresten 3 Blüten anfertigen (siehe Seite 172) und damit die Tasche dekorieren.

Kleine Tasche	
Oberstoff	2x Schnittteil „Tasche klein"
Futterstoff	2x Schnittteil „Tasche klein"
Vlieseinlage	Rechteck, 12 cm x 24 cm
Große Tasche	
Oberstoff	2x Schnittteil „Tasche groß"
Futterstoff	2x Schnittteil „Tasche groß"
Decovil I	Rechteck, 20 cm x 36 cm

3... Die oberen Trägerränder des Oberstoffs rechts auf rechts legen und mit 1 cm Zugabe zusammennähen. Mit dem Futter ebenso verfahren. Dann die Nahtzugaben an den Längsseiten nach innen legen, die beiden Träger aufeinander legen und von Hand die noch offenen Kanten schließen. Mit dem zweiten Träger ebenso verfahren.

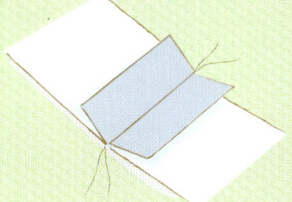

SCHWIERIGKEITSGRAD 1

GRÖSSE
Kleine Tasche 30 cm x 40 cm x 12 cm
Große Tasche 50 cm x 55 cm x 20 cm

MATERIAL
KLEINE TASCHE
Oberstoff: Jeansstoff in Dunkelblau mit Nadelstreifen, 90 cm x 60 cm

Futterstoff: Baumwollstoff in Weiß mit Blumen, 90 cm x 60 cm

Stoffreste für Blüten, je 8 cm x 40 cm

Decovil I, 14 cm x 26 cm

3 Knöpfe, ø 15 mm

GROSSE TASCHE
Oberstoff: Baumwollstoff mit Blumen in Blau-Weiß, 140 cm x 80 cm

Futterstoff: Baumwollstoff mit Blumen in Weiß-Blau, 140 cm x 80 cm

Decovil I, 22 cm x 38 cm

SCHNITTMUSTERBOGEN A

Geblümte Bella

NAHTZUGABEN

Alle Stoffteile mit 1 cm Nahtzugabe zuschneiden. Vlieseinlage ohne Zugaben ausschneiden.

Oberstoff 1	1x Schnittteil „Boden"
	2x Schnittteil „Oberseite"
	2x Schnittteil „Seite"
Oberstoff 2	8x Träger unten, 4 cm x 30 cm
	4x Träger oben, 4 cm x 80 cm
	4x Verstärkung Seitennähte, 4 cm x 20 cm
	4x Stoffstreifen für Aufhängung D-Ring, 3 cm x 8 cm
Futterstoff	1x Schnittteil „Boden"
	2x Schnittteil „Oberseite"
	2x Schnittteil „Seite"
Vlieseinlage und Volumenvlies	1x Schnittteil „Boden"
	2x Schnittteil „Oberseite"
	2x Schnittteil „Seite"
	2x Träger oben, 4 cm x 80 cm
Decovil I	1x Bodenverstärkung, 55 cm x 23 cm

ANLEITUNG

1… Die Zuschnitte aus Vlieseinlage und Volumenvlies auf die Rückseiten der entsprechenden Teile aus Oberstoff bügeln. Dann den Reißverschluss an die langen, geraden Seiten der Schnittteile „Oberseite" nähen. Dazu die Kanten 1,5 cm nach innen schlagen und den Reißverschluss einnähen. Die beiden eingeschlagenen Stoffkanten treffen dabei nicht aufeinander, sondern lassen eine Lücke von 1 cm, die den Reißverschluss zeigt.

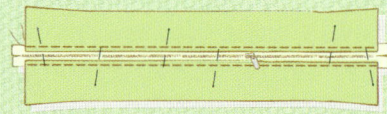

2… Nun das Oberseiten-Reißverschluss-Teil mit den beiden kurzen Seiten rechts auf rechts an die beiden kurzen Seiten des Bodens aus Oberstoff legen und die Teile zusammennähen.

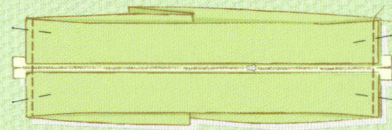

3… Je zwei kleine Stoffstreifen für die Aufhängung rechts auf rechts legen und an den langen Seiten zusammennähen. Die Streifen auf rechts wenden und zur Hälfte durch die D-Ringe ziehen.
Für die Verstärkung der Seitennähte je 2 der Stoffstreifen für die Verstärkung rechts auf rechts legen und die langen Seiten schließen. Die Streifen auf rechts wenden und jeweils seitlich am Bodenteil unterhalb des Reißverschlusses feststecken. Die Aufhänger mit den offenen Seiten darunter schieben und mit festnähen.

4... Je zwei Stoffstreifen für die 4 unteren Träger rechts auf rechts legen und die langen Seiten schließen. Die Träger auf rechts drehen und gemäß der Abbildung bzw. der Markierungen im Schnitt auf die Seiten der Tasche nähen. Dabei ein Ende der Träger durch eine Schnalle ziehen, den Stoff nach hinten knicken und festnähen. Mit allen 4 unteren Trägerteilen so verfahren.

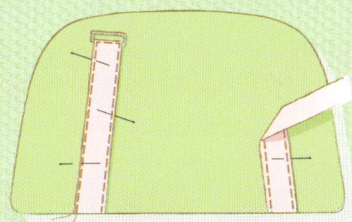

5... Das aus Oberseite und Boden zusammengenähte Teil rundherum rechts auf rechts auf die Seitenteile aus Oberstoff legen und zusammennähen. Dabei liegen die Markierungen an den Seitenteilen und die Naht zwischen Oberseite und Boden direkt übereinander. Die Tasche durch den Reißverschluss auf rechts wenden.

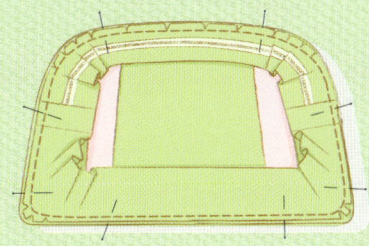

6... Mit den Oberteilen, dem Bodenteil und den Seitenteilen aus Futterstoff ebenso eine Tasche anfertigen, anstelle des Reißverschlusses bleibt eine entsprechende Lücke. Das Decovil I auf die linke Seite des Futterstoffes auf den Boden bügeln. Dann die auf links liegende Tasche aus Futterstoff sorgfältig in die Außentasche einlegen und das Futter von Hand am Reißverschluss annähen. Die Bodennägel am Boden befestigen und damit Oberstoff, Futterstoff und Decovil I nochmals verbinden.

7... Je zwei Stoffstreifen für die beiden oberen Träger rechts auf rechts legen und die langen Seiten schließen. Die Träger auf rechts drehen und die Ränder nochmals absteppen. Dann durch den oberen Teil von je 2 nebeneinander liegenden Schnallen ziehen, nach hinten knicken und festnähen.

SCHWIERIGKEITSGRAD 2

GRÖSSE
56 cm x 34 cm x 20 cm

MATERIAL

Oberstoff 1: Baumwollstoff in Grün mit Blumen, 140 cm x 100 cm

Oberstoff 2: Baumwollstoff in Rosa mit Streifen, 110 cm x 100 cm

Futterstoff: Baumwollstoff in Rosa, 140 cm x 100 cm

Reißverschluss grob in Weiß, 66 cm

Vlieseinlage (siehe Tipp Seite 160), 140 cm x 100 cm

Volumenvlies, 140 cm x 100 cm

Decovil I, 60 cm x 25 cm

2 D-Ringe, 3 cm breit

4 Schnallen mit Mittelstift, 4 cm breit

4 Bodennägel

SCHNITTMUSTERBOGEN A

SCHWIERIGKEITSGRAD 3

GRÖSSE
30 cm x 40 cm x 6 cm

MATERIAL
Oberstoff 1: Cordstoff in Rot mit Punkten, 120 cm x 50 cm

Oberstoff 2: Cordstoff in Grün mit Punkten, 40 cm x 50 cm

Futterstoff: Baumwollstoff in Rot, 140 cm x 50 cm

Volumenvlies, 90 cm x 50 cm

Decovil I, 90 cm x 50 cm

Schrägband in Grün, 80 cm

Gurtband in Rot, 4 cm x 160 cm

Reißverschluss, 34 cm

Knopf zum Beziehen, ø 14 mm

Metallschnalle ohne Mittelstift, 4 cm breit

Metallschnalle mit Mittelstift zum Verstellen der Länge, 4 cm breit

Gummikordel in Rot, Rest

SEITE 179 UND SCHNITTMUSTERBOGEN A

Valerie mit Laptop

NAHTZUGABEN
Alle Stoffteile mit 1 cm Nahtzugabe zuschneiden. Vlieseinlage ohne Zugaben ausschneiden.

ANLEITUNG

1... Die Zuschnitte aus Decovil I auf die Rückseiten der entsprechenden Oberstoffteile bügeln. Die Volumenvlies-Zuschnitte auf die Rückseiten der entsprechenden Futterstoff-Teile bügeln. Die oberen Ränder der Teile „Tasche klein" und „Bogen" mit Schrägband einfassen. Dann die beiden Teile auf das grüne Teil „Tasche" links auf rechts knappkantig aufnähen.

2... Die Seitenteile aus Oberstoff mit den langen Seiten rechts auf rechts auf das grüne Vorderteil legen und an den langen Seiten annähen. Dabei nicht bis zum unteren Rand nähen, sondern die Naht 1 cm vorher beenden.

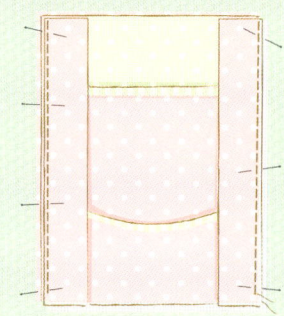

3... Nun die Seitenteile unten 1 cm nach oben klappen und fixieren. Dann den Boden aus Oberstoff mit der langen Seite rechts auf rechts an das grüne Vorderteil legen und die untere Naht schließen. Dabei ebenfalls an beiden Seiten je 1 cm frei lassen. Jetzt jeweils die kurzen Seiten der Seitenteile und die kurzen Seiten des Bodens rechts auf rechts zusammenlegen und zusammennähen. Jeweils drei Nähte treffen nun aufeinander. Dann das rote Teil „Tasche" als Taschenrückseite rechts auf rechts an die Seitenteile und den Boden stecken und festnähen.

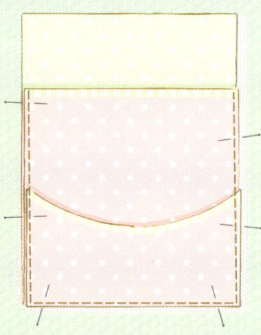

4… An den 2 Stoffstreifen für den Reißverschluss jeweils an einer Längsseite und beiden kurzen Seiten die Nahtzugabe nach innen schlagen und den Reißverschluss zwischen die eingeschlagenen Längskanten beider Teile nähen. Dabei beidseitig etwa gleich viel vom Reißverschluss überstehen lassen. Für die Enden aus Stoffresten zwei kleine Trapeze anfertigen und am Reißverschluss befestigen.

5… Ein Schnittteil „Tasche" aus Futterstoff und eine große Blende rechts auf rechts legen, das Stoffteil mit dem Reißverschluss (Oberseite zur Blende, Unterseite zum Taschenteil) dazwischen schieben und die drei Teile am oberen Rand zusammennähen. Dann die Blende nach oben klappen. Das Futterteil mit Blende ist jetzt genauso hoch wie Vorder- und Rückseite der Tasche aus Oberstoff. Mit dem zweiten Futterteil, der zweiten großen Blende und der anderen Seite des Reißverschlusses ebenso verfahren. Danach sind beide Futtertaschenteile durch den Reißverschluss verbunden.

Nun an jeweils an eine kurze Seite eines Seitenteils aus Futterstoff rechts auf rechts eine kleine Blende annähen. Dann die Futtertasche aus Vorder- und Rückteil, Seitenteilen und Boden wie bei der Außentasche beschrieben zusammennähen. Die fertige Tasche aus Futterstoff bei geöffnetem Reißverschluss auf rechts drehen.

6… Vom Gurtband 15 cm abtrennen, auf eine Metallschnalle ziehen und in der Mitte falzen. Außen an einem Seitenteil der Futtertasche mit Stecknadeln fixieren. Ein Ende des restlichen Gurtbandes am anderen Seitenteil feststecken. Dann die noch auf links liegende Tasche aus Oberstoff darüber stülpen, die Taschen liegen jetzt rechts auf rechts. Alle Teile am oberen Rand rundherum zusammennähen, dabei eine Öffnung zum Wenden lassen. Die gesamte Tasche auf rechts wenden, das Futter sorgfältig in die Tasche schieben und den oberen Rand rundherum nochmals absteppen. Das lange Ende des Gurtbandes durch die Metallschnalle ziehen und an der Metallschnalle mit Mittelstift befestigen. Für den Verschluss der aufgesetzten Tasche den Knopf mit einem Stoffrest beziehen (siehe Seite 153), aufnähen und laut Foto eine Schlaufe aus Gummikordel annähen.

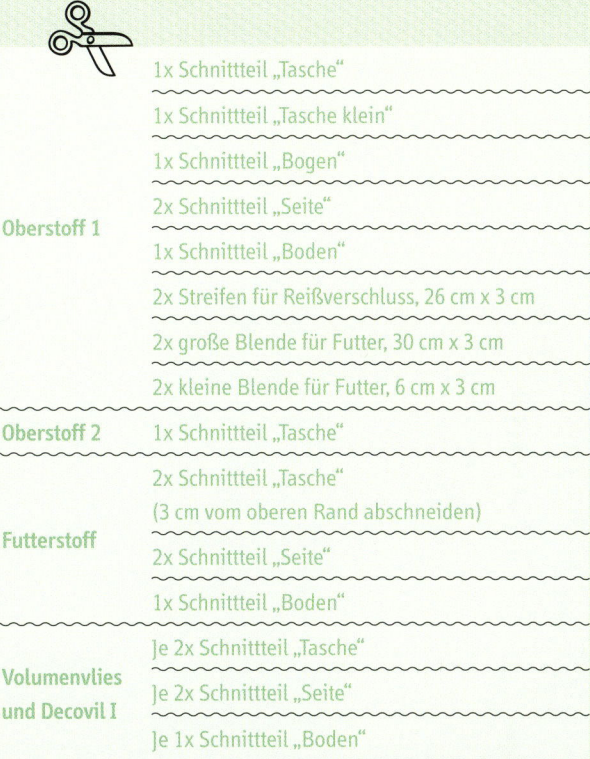

Oberstoff 1	1x Schnittteil „Tasche"
	1x Schnittteil „Tasche klein"
	1x Schnittteil „Bogen"
	2x Schnittteil „Seite"
	1x Schnittteil „Boden"
	2x Streifen für Reißverschluss, 26 cm x 3 cm
	2x große Blende für Futter, 30 cm x 3 cm
	2x kleine Blende für Futter, 6 cm x 3 cm
Oberstoff 2	1x Schnittteil „Tasche"
Futterstoff	2x Schnittteil „Tasche" (3 cm vom oberen Rand abschneiden)
	2x Schnittteil „Seite"
	1x Schnittteil „Boden"
Volumenvlies und Decovil I	Je 2x Schnittteil „Tasche"
	Je 2x Schnittteil „Seite"
	Je 1x Schnittteil „Boden"

BEUTEL UND GROSSE TASCHEN | 101

Laura ganz anders

NAHTZUGABEN

Alle Stoffteile mit 1 cm Nahtzugabe zuschneiden. Vlieseinlage und Leder ohne Zugaben ausschneiden.

ANLEITUNG

1... Die Zuschnitte aus Volumenvlies auf die Rückseiten der Trägerstreifen bügeln. Die kleine Tasche auf der Vorderseite nach der Anleitung von Seite 164 anfertigen und auf eine Taschenseite aus Oberstoff nähen. Dann die beiden Taschenteile aus Oberstoff rechts auf rechts legen und die längeren schrägen Seiten und den Boden zusammennähen. Dann auf beiden Seiten jeweils Seiten- und Bodennaht auseinanderfalten und die Seitennaht auf die Bodennaht legen. So liegen die noch offenen Kanten für die seitlichen Abnäher aufeinander. Diese Öffnungen nun laut Zeichnung mit einer Steppnaht schließen. Das Decovil I von links über die Naht in den Boden bügeln.

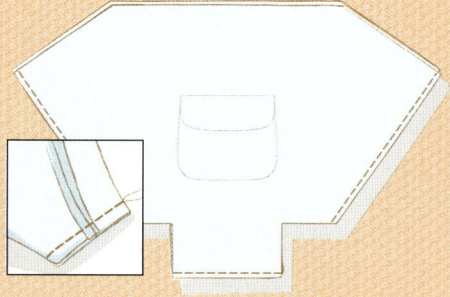

2... Die Tasche auf links lassen und den Reißverschluss mit der Oberseite nach unten zeigend gemäß der Abbildung zwischen den Markierungspfeilen zunächst feststecken und dann nähen. Nun die Tasche auf rechts wenden.

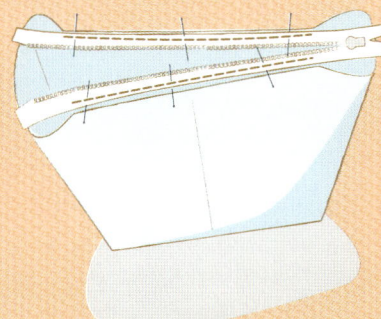

4... Je 2 Trägerstreifen rechts auf rechts legen und die langen Seiten zusammennähen. Auf rechts wenden und den Rand nochmals absteppen. Die Enden der Träger unter den Lederstücken verstecken und beides an der markierten Stelle auf die Tasche nähen.

3... Die Tasche aus Futterstoff wie in Schritt 1 beschrieben zusammennähen. Den oberen Rand 1 cm nach innen schlagen, die Futtertasche auf links liegend in die Außentasche einlegen und das Futter am Reißverschluss annähen. Dabei das offene Ende des Reißverschlusses im Futter verschwinden lassen. Das geschlossene Ende bleibt sichtbar.

SCHWIERIGKEITSGRAD 3

GRÖSSE
35 cm x 40 cm x 20 cm

MATERIAL
Oberstoff: Jeansstoff in Dunkelblau, 140 cm x 90 cm

Futterstoff: Baumwollstoff in Weiß mit Blumen, 140 cm x 90 cm

Leder in Blau, 25 cm x 25 cm

Volumenvlies, 55 cm x 10 cm

Decovil I, 25 cm x 25 cm

Reißverschluss, 45 cm

Knopf, ø 2 cm

SEITE 181 UND SCHNITTMUSTERBOGEN A

Oberstoff	2x Schnittteil „Tasche"
	1x Schnittteile „Vordertasche"
	4x Trägerstreifen, 3,5 cm x 50 cm
Futterstoff	2x Schnittteil „Tasche"
	1x Schnittteile „Vordertasche"
Volumenvlies	2x Trägerstreifen, 3,5 cm x 50 cm
Decovil I	1x Verstärkung Boden, 20 cm x 20 cm
Leder	2x Befestigung Träger, 20 cm x 10 cm

Rasante Pia

SCHWIERIGKEITSGRAD 3

GRÖSSE
32 cm x 37 cm x 10 cm

MATERIAL
BRAUNE TASCHE
Oberstoff 1: Baumwollstoff in Braun gemustert, 60 cm x 60 cm

Oberstoff 2: starker Baumwollstoff in Braun, 70 cm x 80 cm

Futterstoff: Baumwollstoff in Braun, 100 cm x 60 cm

Vlieseinlagen: Vlieseline H 250 und H 630, 140 cm x 60 cm

Reißverschluss in Braun, 34 cm lang

Gurtband, 4 cm breit, 110 cm lang

Autogurt, 4 cm breit, 110 cm lang

2 Leiterschnallen, 4 cm breit

BLAUE TASCHE
Oberstoff 1+2: Jeansstoff in Dunkelblau, 140 cm x 70 cm

Futterstoff: Baumwollstoff in Dunkelblau, 100 cm x 60 cm

Vlieseinlagen: Vlieseline H 250 und H 630, 140 cm x 60 cm

Reißverschluss in Blau, 34 cm lang

Gurtband, 4 cm breit, 110 cm lang

Autogurt, 4 cm breit, 110 cm lang

2 Leiterschnallen, 4 cm breit

SCHNITTMUSTERBOGEN B

NAHTZUGABEN
Alle Stoffe mit 1 cm Nahtzugabe zuschneiden. Vlieseinlagen ohne Nahtzugabe ausschneiden.

ANLEITUNG

1... Die Vlieseinlagen auf die Rückseiten der Schnittteile aus Oberstoff bügeln (siehe Seite 160). Diese Tasche ist doppelt gefüttert. Den Reißverschluss zwischen die Schnittteile „vorne" und „Blende" nähen. Dazu die Blende rechts auf rechts auf den Reißverschluss legen. Der Rand des Reißverschlusses und der Rand des Stoffes liegen dabei übereinander. Knapp am Rand absteppen und die Blende nach oben klappen. Das Vorderteil nach dem gleichen Prinzip annähen. Bei der Jeanstasche eine kleine aufgesetzte Tasche nach dem Vorbild einer Jeans-Hosentasche nähen und auf das Vorderteil nähen.

2... An den unteren Ecken jeweils die senkrechten und waagerechten Kanten übereinanderlegen und abnähen.

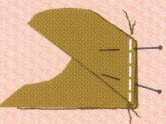

3... Den Autogurt auf je 55 cm Länge zuschneiden auf die rechte Seite des Rückteils heften. Die Linien im Schnittmuster markieren die genaue Anordnung.

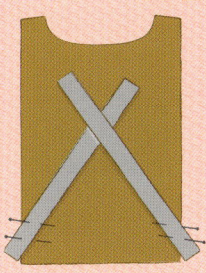

Oberstoff 1	1x Schnittteil „vorne"
	1x Schnittteil „Jeanstasche"
Oberstoff 2	1x Schnittteil „Blende" im Stoffbruch
	1x Schnittteil „Rückteil" im Stoffbruch
	2x Schnittteil „Träger"
Futterstoff	1x Schnittteil „Futter Rückteil" im Stoffbruch
	1x Schnittteil „Futter vorne" im Stoffbruch
Vlieseinlagen	je 1x Schnittteil „vorne"
	je 1x Schnittteil „Blende" im Stoffbruch
	je 1x Schnittteil „Rückteil" im Stoffbruch
	je 2x Schnittteil „Träger"

4... Die bereits zusammengenähte Vorderseite – bestehend aus Blende und Vorderteil – auf das Rückteil heften (den Reißverschluss dazu zur Hälfte öffnen), dann die Seiten- und Bodennähte sowie den oberen Bogen schließen. Die Tasche durch den Reißverschluss auf rechts wenden.

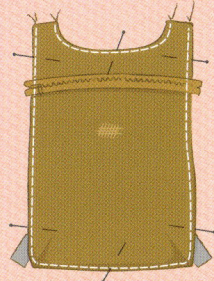

5... Die Trägerstreifen längs der Mitte falten und die offene lange Seite schließen. Den Trägerstreifen auf rechts drehen. Das Gurtband auf je 55 cm Länge kürzen. Je ein Gurtband durch den Trägerstreifen ziehen, am oberen Rand steht das Gurtband nur wenige Zentimeter über. Den unteren Rand des Gurtbandes durch den zweiten Steg (von oben) der Leiterschnalle ziehen und das offene Ende ebenfalls in den Trägerstreifen schieben. Dann alle Stofflagen und das Gurtband zusammennähen.

6... Am Rucksack die beiden noch offenen Stellen 1 cm nach innen knicken. Das obere Ende der Träger 2 cm in die Öffnung schieben, dann durch alle Lagen zusammennähen.

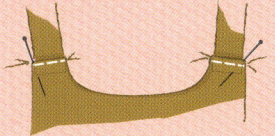

7... Den Autogurt von hinten unten durch den mittleren Schlitz der Leiterschnalle schieben. und durch den untersten Schlitz wieder nach unten durchfädeln. Der Rucksack sollte nun längenverstellbar sein. Die noch offenen Enden der Gurtbänder 2x nach hinten falten und vernähen.

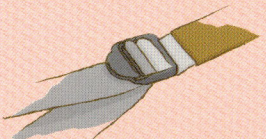

8... Die beiden Schnittteile aus Futterstoff wie in den Schritten 2 und 4 zusammennähen. Dabei jedoch nur die Seitenteile und den Boden verbinden, am oberen Rand wird nicht genäht. Die Naht ca. 2 cm unterhalb des oberen Randes des Vorderteils beenden. Den Rand des Vorderteils 1 cm zur linken Stoffseite umknicken und mit Nadeln fixieren. Dann die Tasche aus Futterstoff in den Rucksack schieben. Den umgeknickten Rand des Vorderteils aus Futterstoff an die Innenseite des Reißverschlusses nähen. Den oberen Rand des Rückteils zwischen die Blende und das Rückteil aus Oberstoff schieben und oberhalb des Reißverschlusses alle Stofflagen zusammennähen. Der Futterstoff ist somit fest angenäht.

BEUTEL UND GROSSE TASCHEN | 105

Geräumige Lena

SCHWIERIGKEITSGRAD 1

GRÖSSE
ca. 50 cm x 40 cm x 10 cm

MATERIAL
Oberstoff 1: 4 verschiedene Baumwollstoffe mit Punkten, Blumen und uni, je 50 cm x 50 cm

Oberstoff 2: Baumwollstoff in Hellblau, ca. 90 cm x 20 cm

Futterstoff: Baumwollstoff in Weiß, 120 cm x 60 cm

Vlieseinlage (siehe Tipp Seite 160), 50 cm x 15 cm

Gartenschlauch, ø 8 mm, 150 cm lang

2 Verbindungsstücke für Gartenschlauch

Wendetasche

NAHTZUGABEN

Alle Stoffteile mit 1 cm Nahtzugabe zuschneiden. Vlieseinlage ohne Zugaben ausschneiden.

Oberstoff 1 (Patchwork)	2x Schnittteil „Tasche"
	2x Schnittteil „Blende"
Oberstoff 2	2x Streifen für Henkel, 90 cm x 8 cm
Futterstoff	2x Schnittteil „Tasche"
	2x Schnittteil „Blende"
Vlieseinlage	1x Bodenstreifen, 45 cm x 10 cm

ANLEITUNG

1... Für das Schnittmuster die Maße und Markierungen der Vorlage auf einen großen Bogen Papier übertragen und zuschneiden.

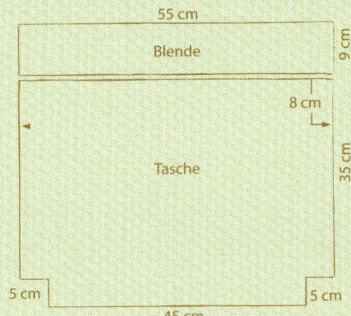

2... Die vier Oberstoffe 1 in unterschiedlich breite Streifen schneiden und zu einem Patchwork verarbeiten. Daraus das Schnittteil „Tasche" 2x zuschneiden. Die Blendenteile aus Oberstoff jeweils rechts auf rechts an den oberen Rand eines Taschenteils aus Oberstoff nähen.

3... Die Taschenteile aus Oberstoff rechts auf rechts legen, dann die Bodennaht und die Seitennähte bis zur Markierung schließen. Nun auf beiden Seiten jeweils Seiten- und Bodennaht auseinanderfalten und die Seitennaht auf die Bodennaht legen. So liegen die noch offenen Kanten für die kleinen seitlichen Abnäher aufeinander. Diese Öffnungen nun laut Zeichnung mit einer Steppnaht schließen. Die Vlieseinlage auf der linken Seite über die Bodennaht legen und aufbügeln. Mit den Teilen aus Futterstoff ebenso verfahren.

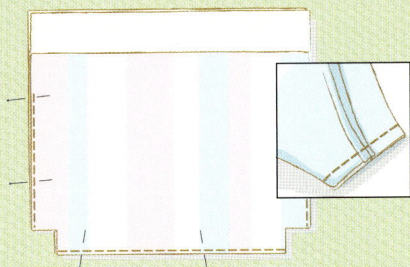

4... Die Tasche aus Futterstoff auf rechts drehen, dann die noch auf links liegende Tasche aus Oberstoff darüber stülpen, die Taschen liegen jetzt rechts auf rechts. Beide Taschen an den Seitenschlitzen und am oberen Rand rundherum zusammennähen. Eine kleine Öffnung zum Wenden offen lassen. Die gesamte Tasche wenden, die Öffnung von Hand schließen und das Futter sorgfältig in die Tasche schieben.

5... Die Henkelstreifen der Länge nach zur Mitte falten und beide Längskanten noch einmal nach innen legen. Dann knappkantig von rechts absteppen. Den Gartenschlauch in der Mitte teilen, je einen Henkel darüber stülpen und den Schlauch mithilfe der Verbindungsstücke (und eventuell Kraftkleber) zum Kreis schließen. Den oberen Rand der Tasche von innen nach außen über den Henkel falten und feststecken, dabei das Verbindungsstück verstecken. Dann mit der Nähmaschine stückweise festnähen.

Lässige Nina

SCHWIERIGKEITSGRAD 2

GRÖSSE
Erwachsenentasche 38 cm x 50 cm x 10 cm (geklappt 32 cm)
Kindertasche 26 cm x 32 cm x 8 cm (geklappt 19 cm)

MATERIAL
TASCHE IN TÜRKIS
LKW-Plane in Türkis, Blau, Orange und Weiß, 100 cm x 80 cm

Autogurt in Schwarz, 5 cm und 3 cm breit, je 40 cm lang

Gurtband in Schwarz, 5 cm breit, 140 cm lang

Trägerschnalle in Schwarz, 5 cm breit

Klemmschnalle in Schwarz, 5 cm breit

Steckschnalle bzw. Blitzstecker in Schwarz, 3 cm breit

Einfassband in Schwarz (Synthetik), 2 cm breit, 90 cm lang

lösungsmittelfreies doppelseitiges Klebeband (z. B. Stylefix)

TASCHE IN ROT
LKW-Plane in Rot und Weiß, 100 cm x 80 cm

Autogurt in Schwarz, 5 cm breit, 40 cm lang

Gurtband in Schwarz, 5 cm breit, 140 cm lang

Trägerschnalle in Schwarz, 5 cm breit

Klemmschnalle in Schwarz, 5 cm breit

Einfassband in Schwarz (Synthetik), 2 cm breit, 90 cm lang

lösungsmittelfreies doppelseitiges Klebeband (z. B. Stylefix)

KINDERTASCHE
LKW-Plane in Rot, Dunkelblau und Weiß, 70 cm x 90 cm

Autogurt in Schwarz, 4 cm breit, 110 cm lang

Klemmschnalle in Schwarz, 4 cm breit

Einfassband in Schwarz (Synthetik), 2 cm breit, 60 cm lang

Webband mit Karos in Rot-Weiß, 1,6 cm breit, 50 cm lang

lösungsmittelfreies doppelseitiges Klebeband (z. B. Stylefix)

SEITE 187 UND SCHNITTMUSTERBOGEN A UND B

LKW-Plane
2x Schnittteil „Tasche" (bzw. „Tasche klein" für Kindertasche)
1x Schnittteil „Bus" und „79", „Mockbq" oder „Flagge UK"

NAHTZUGABEN
LKW-Plane mit 1 cm Nahtzugaben zuschneiden. An Kanten, die nicht mit anderen Planenteilen zusammengenäht werden, z. B. am oberen Rand der Tasche, die Nahtzugabe abschneiden. Dieser Rand erhält einen Abschluss aus Einfassband.

Tipp Achten Sie darauf, dass die Plane nicht glasfaserverstärkt ist. Die kleinen Fasern können, wenn sie beim Nähen in die Nähmaschine fallen, großen Schaden anrichten. Wählen Sie eine große Stichlänge, das verhindert zu schnelles Reißen und verwenden Sie eine 90er Nähnadel.

ANLEITUNG

1... Die Applikationen auf die Vorderseite der Tasche nähen. Dazu schneiden Sie die Motive aus den gewünschten Farben aus und ordnen Sie auf der Vorderseite an. Die Motive mit dem doppelseitigen Klebeband fixieren und dann die Ränder mit der Nähmaschine festnähen. Das Einfassband der Länge nach in der Mitte knicken, über den oberen Rand der Tasche legen und festnähen.

2... Bei der Tasche in Türkis die beiden Teile der Steckschnalle mithilfe des 3 cm breiten Autogurts auf der Vorder- und Rückseite an der Markierung festnähen. Zum Schutz vor Ausfransen alle Gurtenden mit einer Flamme verschmelzen. Das Gurtband etwas länger lassen, damit die Schnalle längenverstellbar bleibt.

3... Vorder- und Rückseite der Tasche rechts auf rechts legen. Für die Erwachsenentaschen den 5 cm breiten Autogurt in der Mitte teilen. Zum Schutz vor Ausfransen alle Gurtenden mit einer Flamme verschmelzen. Den Gurt dann gemäß Abbildung an die markierten Stellen zwischen die Planen legen. Für die Kindertasche vom Autogurt ein 20 cm langes Stück abschneiden. Dann das lange und das kurze Stück wie auf der Zeichnung zwischen die Planen legen. Die Seiten und den Boden zusammennähen. An den beiden Ecken jeweils die Seitennaht auf die Bodennaht legen und die seitlichen kleinen Abnäher laut Zeichnung schließen. Danach die Tasche auf rechts wenden.

4... Ein Ende des Autogurts von vorne nach hinten durch die Trägerschnalle ziehen und umfalten. Die kurze umgeknickte Seite zeigt dabei zur Rückseite der Tasche. Das Ende mit einer Naht versäumen. Das Gurtband durch die Trägerschnalle ziehen, nach hinten falten und festnähen.

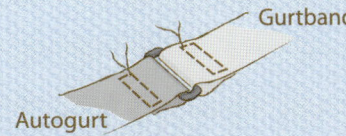

5... Den zweiten Autogurt – an der anderen Seite der Tasche – um den unteren Steg der Klemmschnalle legen, falten und steppen. Das offene Ende des Gurtbandes 2x nach hinten legen und steppen. Danach durch die Klemmschnalle ziehen, auf die gewünschte Länge bringen und die Schnalle zudrücken. Damit man mehr vom Muster auf der roten Tasche erkennen kann, wird der obere Teil hier nach hinten umgeklappt.

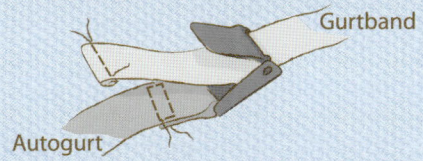

Tipp Vor dem Nähen können die Planen mit einem lösungsmittelfreien doppelseitigen Klebeband ohne Gewebeeinlage geklebt werden, das verhindert das Wegrutschen der Planen.

Eindrucksvolle Alice

Oberstoff 1	1x Rechteck für Außenseite, 87 cm x 37 cm
	1x Schnittteil „Boden"
	1x Streifen für Bodenrand, 87 cm x 7 cm
	1x Mittelstreifen, 87 cm x 8 cm
Oberstoff 2	1x Streifen für Trageriemen, 85 cm x 10 cm
	2x Rechteck für Quasten, je 31 cm x 11 cm
	1x Streifen für Kordel, 70 cm x 3,5 cm
	1x Schnittteil „Boden"
Futterstoff 1	1x Futter, 87 cm x 37 cm
	1x Rechteck für offenes Innenfach, 23 cm x 23 cm
Futterstoff 2	1x Rechteck für verdeckte Innentasche, 22 cm x 50 cm
	2x Außenseite/Futter, 85 cm x 35 cm
Vlieseinlage 1	1x Mittelstreifen, 85 cm x 6 cm
	1x Trageriemen, 76 cm x 4 cm
	1x Schnittteil „Boden"
Vlieseinlage 2	1x Streifen für Bodenrand, 85 cm x 5 cm

NAHTZUGABEN

Die Schnittteile vom Schnittmusterbogen mit 1 cm Nahtzugabe zuschneiden. Bei den Rechtecken und Streifen aus Stoff ist die Nahtzugabe bereits in den angegebenen Maßen enthalten. Vlieseinlagen ohne Zugaben zuschneiden.

ANLEITUNG

1... Die Zuschnitte aus Vlieseinlage 1 mittig auf die entsprechenden Teile aus Ober- und Futterstoff bügeln. Dann den Mittelstreifen bündig rechts auf rechts an eine Längskante der Außenseite legen und zusammennähen. An die andere Längsseite des Mittelstreifens das Futter annähen. Die Nahtzugaben glattbügeln.

2... Das offene Innenfach auf dem Futter anbringen. Dafür das Stoffstück an allen Seiten schmal säumen (2x ca. 7 mm umschlagen, glattbügeln und absteppen), mit ca. 10 cm Abstand zum Mittelstreifen mittig auf dem Futter platzieren und an den Seitenkanten sowie der Unterkante feststeppen. Über diesem offenen Fach einen Reißverschluss mit verdeckter Innentasche anbringen (siehe Seite 163, bitte Hinweis beachten), dafür den Zuschnitt aus Futterstoff 2 verwenden.

3... Die zusammengenähte Fläche aus Oberstoff, Futterstoff und Mittelstreifen nun längs falten, sodass jeweils dieselben Stoffhälften rechts auf rechts aufeinanderliegen. Vor Ihnen liegt nun das große Stoffstück mit den linken Stoffseiten nach oben; an einer Seite ist der Oberstoff, in der Mitte der violette Mittelstreifen, an der anderen Seite der Futterstoff. Nun die offene Seite gegenüber der Faltkante feststecken und zusammennähen, sodass ein Stoffschlauch entsteht. Bei der Futterstoffnaht eine ca. 20 cm lange Öffnung zum Wenden lassen. Dann den Schlauch wenden, sodass die rechte Seite der Stoffe nach außen zeigt.

4... Nun den Bodenrand anfertigen. Den Streifen aus Vlieseinlage 2 auf den entsprechende Stoffstreifen bügeln. Die Nahtzugabe an einer Seite umfalten und glattbügeln. Dann die Enden des Streifens rechts auf rechts legen und absteppen, sodass ein Ring entsteht. Diesen Ring wenden und entlang der offenen Kante des Stoffschlauches über den Oberstoff der Tasche stülpen. Dabei liegt der offene Saum des Ringes auf dem offenen Saum des Oberstoffes. Den Ring feststecken und entlang der versäuberten Kante absteppen (weiß markiert). Dann den gesamten Schlauch wenden.

5... Als Nächstes das Stoffstück für den Boden mit Vlieseinlage 2 verstärken. Dieses dann rechts auf rechts an das Schlauchende aus Oberstoff stecken, wobei die Markierung auf dem Bodenteil ungefähr auf die Naht des Schlauches treffen sollte. Beide Stoffteile erst zusammenheften, dann ringsum absteppen.

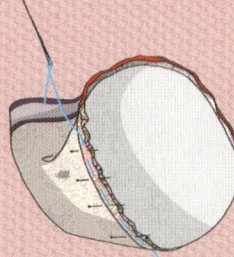

6... Das Bodenteil aus Futterstoff 1 (nicht verstärkt) genauso rechts auf rechts an das Schlauchende aus Futterstoff nähen. Das Ganze durch die Öffnung im Futterstoff wenden. Die Öffnung glattbügeln und zunähen. Das Futterteil nach innen stecken, den Mittelstreifen genau in der Mitte falten, bügeln und entlang der Unterkante absteppen.

7... Danach den Trageriemen anfertigen. Dazu den entsprechenden Stoffstreifen längs falten und entlang der offenen Kante in ca. 1 cm Abstand) absteppen. Den so entstandenen Schlauch wenden und glattbügeln, sodass sich die Naht genau in der Mitte befindet und die Breite des Riemens der Breite der Vlieseinlage entspricht. Die offenen Enden 2x umschlagen und glattbügeln, dann am Taschenrand feststeppen. Dazu die Tasche so hinlegen, dass die Naht in der Mitte liegt. An den beiden Kanten den Riemen anbringen.

8... Die Ösen für die Kordel setzen. Dazu die Tasche flach hinlegen und rundherum, ca. 4-5 cm vom violetten Streifen entfernt, 4 Punkte markieren. Diese sind jeweils 10,5 cm voneinander entfernt. An jedem dieser Punkte gemäß Herstellerangaben eine Öse einschlagen.

9... Die Kordel mit den Quasten anfertigen. Den letzten schmalen Streifen aus Futterstoff 2 zu einem 8 mm breiten Schrägband verarbeiten (siehe Seite 174).

10... Für die Stoffquasten wie abgebildet vorgehen: an der oberen Kante des Rechtecks 1 cm umschlagen, glattbügeln und absteppen. Dann an der gegenüberliegenden Kante lange Einschnitte im Abstand von ca. 5 mm machen. Die gesäumte Kanten ganz fest um ein Ende der Kordel wickeln und mit einigen Stichen von Hand festnähen. Die Fransen in Form bringen. Die Kordel dann durch die Ösen fädeln. Danach die zweite Quaste am anderen Ende des Bandes anbringen.

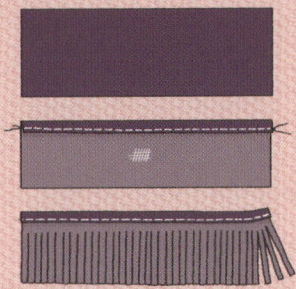

SCHWIERIGKEITSGRAD 2

GRÖSSE
30 cm x 38 cm x 22 cm

MATERIAL

Oberstoff 1: Baumwollstoff in Rot mit Paisleymuster, 90 cm x 40 cm

Oberstoff 2: Baumwollstoff in Violett, 90 cm x 60 cm

Futterstoff 1: Baumwollstoff in Schilf mit geometrischen Muster, 90 cm x 70 cm

Futterstoff 2: Baumwollstoff in Violett, 50 cm x 25 cm

Vlieseinlage 1: Vlieseline H 250, 90 cm x 80 cm

Vlieseinlage 2: Dekovil I, 90 cm x 30 cm

Reißverschluss in Violett, 15 cm lang

8 Ösen in Gold, ø 1,4 cm

SCHNITTMUSTERBOGEN B

Täschchen und Helferlein

Ob für Schminkutensilien oder die tausend weiteren kleinen Dinge, die frau einfach immer dabei haben muss – kleine Täschchen sind wahre Organisationstalente und helfen Ihnen, selbst in der größten Handtasche den Überblick zu bewahren. Auch für den nächsten Wochenendtrip sind Sie gut ausgerüstet, denn dank der vielen kleinen Fächer finden Zahnpasta, Lippenstift & Co. in der ausklappbaren Kulturtasche sicheren Halt. Räumen Sie auch auf mit Plastikdosen für den Mittagssnack: Lunchbags sind im Handumdrehen genäht und halten kleine Köstlichkeiten bis zur Mittagspause kühl.

Noch mehr schicke Helferlein finden Sie in diesem Buchkapitel.

Amelie
Seite 128/129

TÄSCHCHEN UND HELFERLEIN | 117

Britta Seite 135-137

Mona
Seite 138/139

Neele
Seite 140/141

Charlotte
Seite 142/143

Liebliche Viktoria

NAHTZUGABEN

Alle Stoffteile mit 1 cm Nahtzugabe zuschneiden. Vlieseinlage ohne Zugaben ausschneiden. Bei Stoffen mit Musterrichtung den Schnitt nicht im Stoffbruch zuschneiden, sondern beide Teile einzeln mit Nahtzugabe zuschneiden und am unteren Rand zusammennähen.

Oberstoff	1x Schnittteil „Viktoria" im Stoffbruch
Futterstoff	1x Schnittteil „Viktoria" im Stoffbruch
Vlieseinlage	1x Schnittteil „Viktoria" im Stoffbruch
Sonstige Teile für die grüne Tasche	1x Kreis aus Wachstuch, ø 10 cm
	1x Kreis aus Stoff in Weiß mit Vliesofix, ø 10 cm

Tipp: Ich habe den Schnitt für mich etwas abgewandelt und die Tasche breiter zugeschnitten. So passen jetzt drei Windeln und eine kleine Packung Feuchttücher für meinen Sohn für unterwegs hinein.

ANLEITUNG

1... Für die grüne Tasche mit Frosch den weißen Stoffkreis mit Hilfe von Vliesofix auf die Tasche bügeln. Dann den Kreis aus transparenter Folie mit dem Frosch darunter aufnähen. Die Naht mit der Pomponborte verdecken und diese festnähen.

2... Die Vlieseinlage auf die Rückseite des Zuschnitts aus Oberstoff bügeln. Dann die Taschenteile aus Ober- und Futterstoff rechts auf rechts legen, den Reißverschluss gemäß Zeichnung auf einer Seite zwischen die beiden Stofflagen legen, die Oberseite zeigt zum Oberstoff. Dann die beiden Taschenteile und den Reißverschluss zusammennähen, der Reißverschlussgriff liegt auf der Seite des Oberstoffes.

3... Nun den Oberstoff an der Naht umknicken und nach rechts legen. Dann das Stoffteil in der Mitte zurück nach rechts falten. Die noch nicht angenähte Oberkante verdeckt dabei die Naht und die Reißverschlusszähnchen und liegt bündig an der linken Reißverschlusskante. Mit dem Futterstoff ebenso verfahren, die freie Oberkante liegt dabei unter dem Reißverschluss bündig zur linken Reißverschlusskante. Nun an dieser Kante alle 3 Teile verbinden.

4... Die Tasche so legen, dass der Reißverschluss in der Mitte liegt, auf einer Seite rechts auf rechts der Oberstoff, auf der anderen Seite rechts auf rechts der Futterstoff. Den Reißverschluss dabei öffnen, so lässt sich die Tasche später einfacher wenden. Nun die Seiten schließen. Dabei auf der Seite aus Futter eine Lücke zum Wenden der Tasche lassen. An den vier Ecken jeweils die Seitennaht auf die Bodennaht legen und die seitlichen kleinen Abnäher laut Zeichnung schließen. Die Tasche durch die Öffnung wenden, das Loch von Hand schließen und das Futter in die Tasche schieben.

SCHWIERIGKEITSGRAD 2

GRÖSSE
ca. 22 cm x 16 cm x 7 cm

MATERIAL
ROTE TASCHE
Oberstoff: Wachstuch in Rot mit rosa Punkten, 35 cm x 45 cm

Futterstoff: Baumwollstoff in Rosa, 35 cm x 45 cm

Vlieseinlage (siehe Tipp Seite 160), 35 cm x 45 cm

Reißverschluss, 25 cm

Schlüsselanhänger aus Acryl in Rot

GRÜNE TASCHE MIT FROSCH
Oberstoff: Baumwollstoff mit Retromuster in Grün-Blau, 35 cm x 45 cm

Futterstoff: Baumwollstoff in Hellblau, 35 cm x 45 cm

Vlieseinlage (siehe Tipp Seite 160), 35 cm x 45 cm

Reißverschluss, 25 cm

Baumwollstoff in Weiß, Rest

Wachstuch in Transparent, Rest

Vliesofix, Rest

Pomponborte in Rot, 40 cm

Gummifrosch

Kordel in Rot, Rest

Acrylkugel in Rot

SCHNITTMUSTERBOGEN B

Attraktive Mira

NAHTZUGABEN

Benötigte Nahtzugaben von 1 cm sind bei diesen Modellen bereits in den angegebenen Maßen enthalten.

ANLEITUNG

1... Die Grundform dieses praktischen Taschentuch-Täschchens ist sehr einfach, kann aber auf verschiedenste Weise verziert und gestaltet werden. So wird die Grundform aus Stoff gemacht: Die Vlieseinlage auf den Oberstoff bügeln. Dann den Ober- und den Futterstoff rechts auf rechts legen und zusammennähen, dabei an einer Seite ca. 4 cm zum Wenden offen lassen. Den Stoff wenden und glattbügeln. Die Wendeöffnung zunähen.

2... Die beiden Kanten rechts und links zur Mitte falten und mit Stecknadeln fixieren. Die obere und die untere Seite ganz nah an der Kante feststeppen. Nun den Stoff wenden und bügeln – fertig!

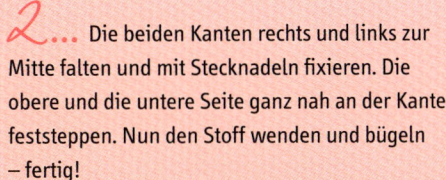

SCHWIERIGKEITSGRAD 1

GRÖSSE
12 cm x 7 cm

MATERIAL
Oberstoff: Baumwollstoff, 16 cm x 16 cm oder Filz, 14 cm x 14 cm

Futterstoff: beliebiger Baumwollstoff, 16 cm x 16 cm

Vlieseinlage: Vlieseline H 250, 14 cm x 14 cm (nicht für Filztäschchen)

evtl. Schrägband, Stoffblumen, Knöpfe etc.

VARIATIONEN

Das Taschentuchtäschchen kann auch in der **Patchworktechnik** gefertigt werden. Dazu vier Streifen von ca. 5 cm x 16 cm zusammennähen. Die Nähte glattbügeln und dann erst die Vlieseinlage aufbügeln. Danach wie oben beschrieben vorgehen.

Wenn das Täschchen aus **Filz** gefertigt wird, fällt Schritt 1 weg, stattdessen kann man die Seitenkanten absteppen. Dann die Seitenkanten in die Mitte klappen und absteppen. Das Wenden kann bei Filz entfallen.

Beim grauen Täschchen aus Filz wurden die Seitenkanten zunächst mit Schrägband (siehe S. 174), mit einer Knopfschlaufe sowie mit einem überziehbaren Knopf versehen (siehe S. 153), alles aus demselben Stoff.

Für eine Schlaufe einen Stoffrest von ca. 6 cm x 2 cm verwenden. Die Längskanten zur Mitte falten, glattbügeln, nochmals längs falten, glattbügeln, dann absteppen. Den Streifen zu einer Schlaufe formen und an einer Seite des Taschentuchtäschchens befestigen.

Die **Stoffblüte** wird mithilfe einer YoYo-Blumen-Schablone gemäß Herstellerangabe angefertigt und angenäht.

Entspannte Amelie

NAHTZUGABEN

Alle Stoffe mit 1 cm Nahtzugabe zuschneiden. Vlieseinlage ohne Zugaben zuschneiden.

ANLEITUNG

1... Für die geblümte Tasche ein Patchwork aus den Stoffen nähen. Der mittlere Teil ist Rot, an beiden Enden wird der blau-weiße Stoff angesetzt. Thermolan hat keine Klebeseite, es wird einfach mit Sprühkleber für Stoff aufgeklebt (Herstellerangaben beachten). Den Stoffstreifen für den Verschluss längs falzen, sodass die rechte Stoffseite innen liegt. Am Rand zusammennähen und auf rechts wenden. Ein ca. 10 cm langes Stück davon abschneiden und durch den unteren Teil der Steckschnalle schieben. Die offenen Stoffseiten nach hinten legen, dann auf der Vorderseite der Tasche an der markieren Stelle festnähen. Die Enden des restlichen Stoff-

Oberstoff 1	1x Schnittteil „Tasche" im Stoffbruch
	1x Verschluss, 4 cm x 40 cm (nur geblümte Tasche)
Futterstoff	1x Schnittteil „Tasche" im Stoffbruch
Vlieseinlage	1x Schnittteil „Tasche" im Stoffbruch

streifens säumen und auf die Rückseite der Tasche an der markierten Stelle befestigen.

Bei der Jeanstasche die Vlieseinlage auf die Rückseite des Oberstoffes kleben. Vom Lederstreifen ein 5 cm langes Stück abschneiden und auf die Vorderseite der Tasche an der Markierung festnähen. Das Lederstück gemäß Abbildung so festnähen, dass in der Mitte ein Teil frei bleibt, durch den die lange Lasche gezogen werden kann. Den restlichen Teil des Lederstreifens an der Markierung auf der Rückseite der Tasche festnähen. Die Nieten gemäß Foto anbringen.

2... Die Tasche am Stoffbruch rechts auf rechts falzen und die beiden Ränder zusammennähen. An den beiden Ecken jeweils die Seitennaht auf die Bodennaht legen und die seitlichen kleinen Abnäher gemäß Zeichnung schließen. Dann die Tasche auf rechts wenden und das Filzstück in die Tasche legen.

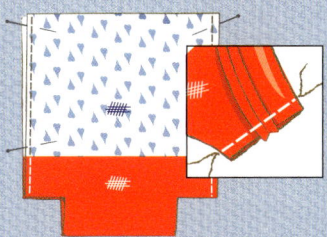

3... Tasche aus Futterstoff wie in Schritt 2 beschrieben zusammennähen, jedoch nicht auf rechts wenden. Die Futtertasche in die Tasche aus Oberstoff einlegen. Den oberen Rand sehr knapp absteppen. Das Schrägband um den oberen Rand nähen, die einfache Steppnaht wird dabei verdeckt. Den oberen Teil der Steckschnalle auf das lange Ende des Bandes fädeln.

4... Für die Kühlpad-Hülle das Pad ausmessen. Die Länge verdoppeln und 3 cm dazu addieren. Die Breite bleibt. Die Maße zuzüglich Nahtzugabe auf den Futterstoff übertragen und ausschneiden. Die kurzen Seiten 2x knapp (ca. 8 mm) nach innen schlagen und absteppen. Die kurzen Enden zur Mitte falzen; sie stehen dabei 3 cm über, die rechte Stoffseite liegt innen. Dann die beiden Seiten mit einer Naht schließen und die Hülle auf rechts drehen. Das Kühlpad in die Hülle stecken.
Zum Verschließen der Tasche den oberen Rand einrollen und die Steckschnalle schließen.

SCHWIERIGKEITSGRAD 1

GRÖSSE
17 cm x 28 cm x 12 cm

MATERIAL
JEANSTASCHE
Oberstoff: Jeansstoff, 40 cm x 80 cm

Futterstoff: Wachstuch in Türkis mit Blumenmuster, 40 cm x 80 cm

Vlieseinlage: Thermolam, 40 cm x 90 cm

Lederstreifen, 30 cm x 2 cm

2 Nieten, ø 5 mm

Schrägband in Türkis, 2 cm breit, 80 cm lang

Kühlpad, 15 cm x 12 cm

starker Filzrest, 17 cm x 12 cm

Sprühkleber für Stoff

GEBLÜMTE TASCHE
Oberstoff 1: Baumwollstoff in Weiß mit blauen Blumen, 40 cm x 60 cm

Oberstoff 2: Baumwollstoff in Rot, 40 cm x 30 cm

Futterstoff: Wachstuch in Rot mit rosa Punkten, 40 cm x 80 cm

Vlieseinlage: Thermolam, 40 cm x 90 cm

Steckschnalle/Blitzstecker in Schwarz, 2 cm breit

Schrägband in Rot, 2 cm breit, 80 cm lang

Kühlpad, 15 cm x 12 cm

starker Filzrest, 17 cm x 12 cm

Sprühkleber für Stoff

SCHNITTMUSTERBOGEN A

Findige Rebecca

SCHWIERIGKEITSGRAD 1

GRÖSSE
nach Belieben

MATERIAL
GRÜNE HÜLLE
Oberstoff: Baumwollstoff in Grün gemustert

Futterstoff: Baumwollstoff in Grün

Vlieseinlagen: Vlieseline H 250 und H 630

Klettverschluss in Weiß

ROSA HÜLLE
Oberstoff: Baumwollstoff in Rosa gemustert

Futterstoff: Baumwollstoff in Rosa

Vlieseinlagen: Vlieseline H 250 und H 630

Stickgarn in beliebigen Farben

Klettverschluss in Weiß

BRAUNE HÜLLE
Oberstoff: Baumwollstoff mit Nadelstreifen

Futterstoff: Tweedstoff in Braun

Vlieseinlagen: Vlieseline H 250 und H 630

3 Holzknöpfe

Klettverschluss in Schwarz

Hinweis: DieStoffmaße werden passend für Ihr Gerät berechnet (siehe rechts).

NAHTZUGABEN

Alle Stoffe rundum mit 1 cm Nahtzugaben zuschneiden. Vlieseinlagen ohne Zugaben ausschneiden.

ANLEITUNG

1... Dieser Schnitt kann auf alle Notebooks, Tablet-PCs und Bücher angepasst werden. Zuerst brauchen Sie die Maße Ihres Gerätes. Die angegebenen Buchstaben beziehen sich auf: Breite (a), Tiefe (b), Höhe (c) und die Länge der Umschlagklappe (d).

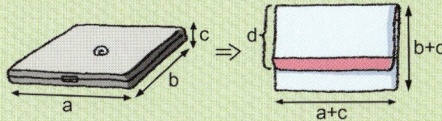

2... Nun wird der Zuschnitt berechnet. Die Klappe kann, je nach Gerätegröße, 15-25 cm lang sein. Der Futterstoff wird 10 cm länger zugeschnitten als der Oberstoff; da er auch als Blende verwendet wird. Beachten Sie bitte die Zeichnung und addieren Sie die jeweiligen Maße. Daraus ergeben sich die exakten Maße für die Vlieseinlagen. Für die Stoffmaße muss man an allen Seiten die Nahtzugaben (1 cm) hinzufügen. Beachten Sie bitte beim Zuschneiden auch den folgenden Schritt.

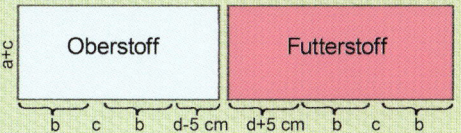

3... Da es schwierig sein kann, so große Vliesrechtecke passgenau auf bereits zugeschnittene Stoffrechtecke zu bügeln, empfiehlt es sich, zuerst die Vlieseinlage auf den Stoff zu bügeln und diesen dann rundum mit 1 cm Nahtzugabe auszuschneiden.
Vlieseinlage 1 auf den Oberstoff, Vlieseinlage 2 auf den Futterstoff bügeln.

4... Als Nächstes die Zuschnitte so rechts auf rechts legen, dass die offenen Schmalkanten bündig aufeinanderliegen. Diese Seite feststecken und absteppen. Dann die Seiten der Klappe gegenüber (also den mit „d" markierten Teil) ebenfalls absteppen, dabei die Ecken etwas abrunden. Die Nahtzugabe glattbügeln. Die ersten 5 cm (von der Naht aus) des Futterstoffes, die die Blende bilden, können nun verziert werden (Heftstich siehe Seite 175). Dann ca. 8 cm von der Naht entfernt das Flauschband des Klettverschlusses mittig auf den Futterstoff nähen.

5... Jetzt die offenen Teile der Stoffe so falten, dass jeweils der Oberstoff rechts auf rechts sowie der Futterstoff rechts auf rechts liegt, mit der Klappe dazwischen.

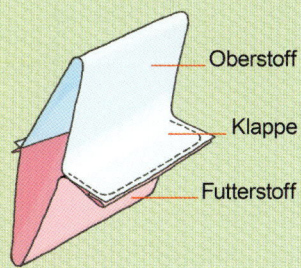

Den Oberstoff an den Seiten zusammennähen. Mit dem Futterstoff ebenso vorgehen, allerdings an einer Seite 15 cm zum Wenden offen lassen.

6... Nun die Hülle wenden, um zu testen, ob das Gerät hinein passt. Dazu das Teil aus Futterstoff in das Teil aus Oberstoff schieben und glattstreichen. Falls die Hülle nicht optimal passt, können Sie die entsprechenden Nähte auftrennen und korrigieren. Wenn die Hülle passt, die Stoffe noch einmal wenden und alle Nahtzugaben auf ca. 3–5 mm kürzen. Dann die Hülle wieder wenden, die Wendeöffnung glattbügeln und zunähen. Danach die Tasche aus Futterstoff in die aus Oberstoff schieben und alles glattbügeln.

7... Um die passende Stelle für das Hakenband des Klettverschlusses markieren zu können, das Gerät in die Tasche stecken und die Klappe schließen. Die Stelle markieren und hier den Klettverschluss annähen. Aus Stabilitätsgründen noch den Übergang zwischen Tasche und Klappe (wo sich verschiedene Nähte treffen) von Hand versäubern und mit ein paar Nähten verstärken.

Patente Carolin

NAHTZUGABEN

Alle Stoffe mit 1 cm Nahtzugabe zuschneiden. An den Stellen, an denen Schrägband verwendet wird, die Nahtzugabe abschneiden, wie am äußeren Taschenrand und bei den drei offenen Taschen.

Hinweis Die Tasche besteht aus vier Stofflagen. Lage 1 liegt innen. Auf ihr sind die Taschen aufgenäht. Lage 4 ist ganz außen, an ihr sind die beiden Teile des Verschlusses angebracht.

ANLEITUNG

1... Den oberen Rand des Schnittteils „offene Taschen" mit Schrägband versäumen. Dann die Tasche gemäß der Pfeilrichtung in Falten legen. Den unteren Rand 1 cm nach hinten umknicken und alles mit Stecknadeln fixieren.

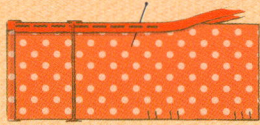

Beim Schnittteil „Zippertasche" die 4 Abnäher nähen, dann den Reißverschluss einsetzen. Vom oberen Rand der Zippertasche einen 1 cm breiten Rand nach hinten knicken und an den Reißverschluss nähen. Von dem schmalen Stoffstreifen der Zippertasche den unteren Rand ebenso an den Reißverschluss nähen.

2... Die Schnittteile für die offenen Taschen und für die Zippertasche auf die rechte Stoffseite eines Schnittteils aus Stoff 1 nähen. Die offenen Taschen werden dabei am unteren (zurückgeklappten) Rand und zwischen den Falten angenäht. Am äußeren Rand wird das Teil sehr knapp am Rand festgenäht. Bei der Zippertasche den oberen Rand nach hinten knicken und an diesem Rand festnähen. Auch bei diesem Teil den äußeren Rand knapp absteppen. Bei der Blumentasche wird anstelle der kleinen offenen Taschen transparente Tischfolie an einen Reißverschluss genäht und diese dann auf die Waschtasche genäht.

3... Auf das in Punkt 2 beschriebene Schnittteil links auf rechts ein weiteres Schnittteil aus Stoff 1 legen. Die Taschen sind erst einmal verdeckt; die rechte Stoffseite liegt nun ganz oben. Den Rand des Schlitzes für den Reißverschluss nähen, dann Y-förmig einschneiden und den oberen Stoff durch die Öffnung hinter das Stoffteil mit den aufgenähten Taschen schieben. Die Stofflagen 1 und 2 sind fertig.

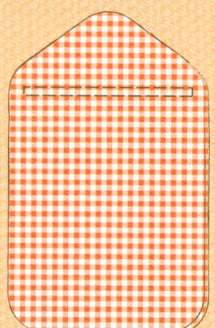

Stoff 1	2x Schnittteil „Tasche"
	2x Streifen, 2 cm x 20 cm (Verschluss)
Stoff 2	2x Schnittteil „Tasche"
	1x Schnittteil „offene Taschen" im Stoffbruch
	1x Schnittteil „Zippertasche"

SCHWIERIGKEITSGRAD 3

GRÖSSE
28 cm x 46 cm
(28 cm x 16 cm geschlossen)

MATERIAL
ROTE TASCHE
Stoff 1: beschichteter Baumwollstoff in Rot-Weiß kariert, 70 cm x 50 cm

Stoff 2: beschichteter Baumwollstoff in Rot-Weiß gepunktet, 80 cm x 70 cm

Schrägband in Rot, 2 cm breit, 2,50 m lang

2 Reißverschlüsse in Rot, 28 cm lang

Öse in Silber, ø 2 cm

Steckschnalle in Schwarz, 2 cm lang

Fischbeinstab, 4 mm breit, 30 cm lang

BLUMENTASCHE
Stoff 1: beschichteter Baumwollstoff mit Blumen in Weiß-Orange, 70 cm x 50 cm

Stoff 2: beschichteter Baumwollstoff mit Retromuster in Gelb-Weiß, 80 cm x 70 cm

Schrägband in Orange, 2 cm breit, 150 cm lang

Schrägband in leuchtendem Orange, 2 cm breit, 150 cm lang

3 Reißverschlüsse in Orange, 28 cm lang

Rest Folie in Transparent (Tischdecke)

Öse in Silber, ø 2 cm

Fischbeinstab, 4 mm breit, 30 cm lang

SEITE 184 UND SCHNITTMUSTERBOGEN B

TÄSCHCHEN UND HELFERLEIN | 133

4... Hinter die 2. Stofflage den Reißverschluss nähen.

5... Hinter die 2. Stofflage nun die 3. Stofflage legen. Die rechte Stoffseite zeigt zu den anderen Stoffen. Dann die 2. und 3. Stofflage oberhalb des Reißverschlusses zusammennähen. Über dieser Naht im Abstand von ca. 8 mm eine weitere Naht nähen. Den Fischbeinstab zwischen den Nähten und Stofflagen einschieben und ggf. kürzen.

6... Die beiden Streifen für den Verschluss rechts auf rechts legen und die langen Seiten schließen. Dann den Schlauch auf rechts drehen. Vom Streifen ein ca. 8 cm langes Stück abschneiden, durch den unteren Teil der Steckschnalle schieben, die offenen Seiten nach hinten legen und auf die rechte Seite des noch verbleibenden Schnittteils aus Stoff 2 nähen. Vom restlichen Streifen das offene Ende nach hinten knicken und an der unteren Markierung des Schnittteils annähen.

7... Das Schnittteil so hinter die anderen drei Stoffschichten legen, dass die Steckschnalle nach außen zeigt und die linke Stoffseite zu den anderen Stoffen. Den Rand der 4 Schichten sehr dicht am Rand zusammennähen, so verrutschen die 4 Stoffschichten nicht. Dann das Schrägband an den äußeren Rand nähen. Das letzte Ende des Schrägbandes nach innen knicken und festnähen. Am oberen Ende der Waschtasche eine Öse an der Markierung einschlagen. So kann die Tasche an einem Haken aufgehängt werden. Den zweiten Teil der Steckschnalle an dem Verschlussstreifen anbringen. Das offene Ende 2x nach hinten falten und das Ende säumen.

Hinweis Fischbeinstäbe sind Plastikstäbe, die zur Versteifung von Korsetts verwendet werden. Früher wurden die Stäbe aus den Hornplatten von Walen gefertigt, heute wird dafür meist Kunststoff verwendet. Fischbeinstäbe lassen sich wunderbar zur Versteifung von Taschen verwenden. Bei der Waschtasche sorgen sie dafür, dass sie beim Hängen nicht nach vorne zusammenfällt.

Britta
Anleitung Seite 136/137

SCHWIERIGKEITSGRAD 2

GRÖSSE
22 cm x 17 cm x 5 cm

MATERIAL

Oberstoff 1: Baumwollstoff in Maulbeere gemustert, 117 cm x 30 cm

Oberstoff 2: Baumwollstoff in Braun, 20 cm x 60 cm

Futterstoff 1: Baumwollstoff in Rosa mit Kreismuster, 25 cm x 80 cm

Futterstoff 2: Baumwollstoff in Pink, 35 cm x 50 cm

Vlieseinlage: Vlieseline H 250, 50 cm x 62 cm

Reißverschluss in Pink, 12 cm lang

Reißverschluss in Grau-Braun, 15 cm lang

Magnetknopf in Silber, ø 1,8 cm

2 Karabinerhaken in Silber, 3 cm lang

2 kleine Schlüsselringe in Silber, ø 2 cm

Schablone YoYo-Blume, groß und klein

SCHNITTMUSTERBOGEN B

TÄSCHCHEN UND HELFERLEIN | 135

Geschickte Britta

NAHTZUGABEN

Die Schnittteile werden mit 1 cm Nahtzugabe zugeschnitten. Bei Rechtecken und Streifen ist die Nahtzugabe im angegebenen Maß bereits enthalten.

Oberstoff 1	1x Schnittteil „Tasche"
	1x Schnittteil „Klappe"
	1x Rechteck für Außenfach, 14 cm x 16 cm
	1x Streifen für Trageriemen, 3,5 cm x 117 cm
	1x YoYo-Blume groß
Oberstoff 2	1x Schnittteil „Klappe"
	2x Schnittteil „Schlaufe"
	1x Rechteck für Außenfach, 14 cm x 16 cm
	1x YoYo-Blume klein
Futterstoff 1	1x Schnittteil „Tasche"
	1x Rechteck für Innenfach, 16 cm x 15 cm
	1x YoYo-Blume groß
Futterstoff 2	2x Rechteck für verdeckte Innentasche, 17 cm x 35 cm
	je 1x YoYo-Blume klein und groß
Vlieseinlage	2x Schnittteil „Tasche"
	2x Schnittteil „Klappe"
	2x Schnittteil „Schlaufe"

ANLEITUNG

1... Das Schnittteil „Tasche" aus Vlieseinlage, jeweils auf Oberstoff 1 und Futterstoff 1 bügeln und mit Nahtzugabe zuschneiden. Das Schnittteil „Klappe" aus Vlieseinlage auf Oberstoff 1 und Oberstoff 2 bügeln und ebenso mit Nahtzugabe zuschneiden.

2... Für das Außenfach die entsprechenden Rechtecke verwenden (Oberstoff 1 kann so zugeschnitten werden, dass sich das Muster nahtlos in das Taschenmuster einfügt). Die Stoffstücke rechts auf rechts legen und zusammennähen; an der Oberkante eine Öffnung zum Wenden lassen. Dann den Stoff wenden, glattbügeln und wie abgebildet auf dem Schnittteil „Tasche" aus Oberstoff feststecken. Den Stoff an den Seitenkanten sowie an der Unterkante absteppen. Etwa 2 cm oberhalb des Außenfachs eine verdeckte Innentasche (siehe Seite 163) mit dem 12 cm langen Reißverschluss anbringen.

3... Die Gürtelschlaufen anfertigen. Das Schnittteil „Schlaufe" zweimal aus der Vlieseinlage ausschneiden, auf Oberstoff 2 bügeln und mit Nahtzugabe ausschneiden. Den Stoff an den kürzeren Seiten um die Vlieseinlage falten, bügeln und absteppen. Dann den Stoff rechts auf rechts falten und entlang der offenen Längskanten absteppen. Danach den Stoff wenden und glattbügeln, mit der Naht mittig auf der Rückseite.
Die Schlaufen auf dem Oberstoff platzieren (siehe Markierung im Schnittbogen), feststecken und an der Ober- und Unterkante annähen.

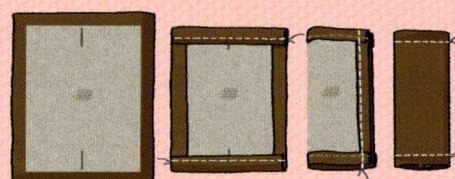

4... Den Futterstoff mit einem Innenfach versehen. Dazu alle Außenkanten des entsprechenden Rechtecks 2x ca. 7 mm einschlagen, glattbügeln und absteppen. Das Rechteck auf das Futterteil nähen. Darüber eine verdeckte Innentasche mit dem 15 cm langen Reißverschluss anbringen (siehe Seite 163, bitte den Hinweis beachten).

5... Das Schnittteil „Klappe" 2x aus Vlieseinlage ausschneiden, jeweils auf Oberstoff 1 und 2 bügeln und mit Nahtzugabe ausschneiden. Die Klappe aus Oberstoff 2 rechts auf rechts bündig mit der Oberkante bei den Gürtelschlaufen auf das Taschenteil aus Oberstoff 1 legen. Die Klappe ans Taschenteil nähen.
Die Klappe aus Oberstoff 1 an der Seite beim Reißverschluss an den Futterstoff nähen. Die Nähte glattbügeln.

6... Das Taschenteil und das Futterteil rechts auf rechts legen und feststecken. Die Klappen sowie die überstehenden Oberkanten zusammennähen und gegenüberliegende Kante ebenfalls absteppen (siehe blaue Markierung in der Abbildung unten).

außen
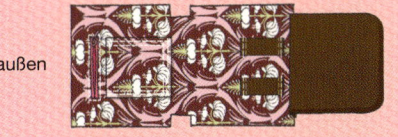

innen

rechts
auf
rechts
gelegt
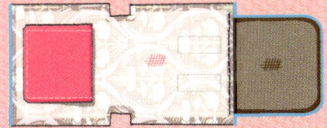

7... Dann das Ganze so falten, dass jeweils Ober- und Futterstoff rechts auf rechts liegen, mit der Klappe dazwischen. Alle Seitenkanten absteppen; beim Futterstoff an einer Seite ca. 12 cm zum Wenden offen lassen. Die Abnäher ebenfalls absteppen.

8... Die gesamte Tasche wenden und alle Teile glattbügeln. Die Öffnung ebenfalls glattbügeln und zunähen. Dann die Tasche aus Futterstoff in die Tasche aus Oberstoff schieben. Damit die Tasche flach wird, die Außenkanten wie abgebildet nach innen falten.

9... Den flachen Teil des Magnetknopfs an der Klappe anbringen. Die Klappe schließen, die Position des Gegenstücks bestimmen und markieren. Das Gegenstück des Magnetknopfs am Außenfach annähen.

10... Nun die YoYo-Blumen zur Verzierung anfertigen (Anleitung siehe Verpackung). Auf der Tasche und auf der Klappe anordnen und von Hand aufnähen. Es bietet sich an, die Nähte des Magnetknopfs auf der Klappe mit einer Blume zu verdecken.

11... Aus dem langen Streifen aus Oberstoff 1 ein Band anfertigen (Anleitung siehe Seite 174), zu einem schmalen Riemen falten, glattbügeln und entlang beider Kanten absteppen. Die Enden mit kleinen Karabinerhaken versehen. Die beiden Schlüsselringe rechts und links an der Oberkante der Tasche anbringen, genau an den Stellen, wo die Klappe beginnt. Sie können leicht in der Tasche versteckt werden, wenn sie als Gürteltasche getragen wird. Wenn man die Tasche als Umhängetasche tragen will, hängt man einfach die Karabinerhaken mit dem Riemen ein.

TÄSCHCHEN UND HELFERLEIN | 137

Mona mit Schwung

SCHWIERIGKEITSGRAD 2

GRÖSSE
22 cm x 10 cm

**MATERIAL
JEANSTASCHE**
Oberstoff: Jeansstoff in Dunkelblau, 30 cm x 35 cm

Futterstoff: Baumwollstoff in Weiß mit Retromuster, 30 cm x 35 cm

Baumwollstoff mit Blumenmotiv, Rest

Vlieseinlage (siehe Tipp Seite 160), 30 cm x 35 cm

Dekoband, 10 cm lang

Reißverschluss, 38 cm

Strasssteine zum Aufbügeln, ca. 15 Stück

LILAFARBENE TASCHE
Oberstoff: Baumwollstoff in Lila mit Libellen, 30 cm x 35 cm

Futterstoff: Baumwollstoff in Lila mit Strichen und Punkten, 40 cm x 35 cm

Baumwollstoff in Lila mit Strichen und Punkten, Rest

Vlieseinlage (siehe Tipp Seite 160), 30 cm x 35 cm

Reißverschluss, 38 cm

Knopf

SCHNITTMUSTERBOGEN A

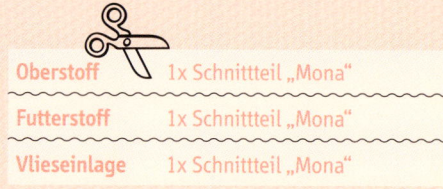

Oberstoff	1x Schnittteil „Mona"
Futterstoff	1x Schnittteil „Mona"
Vlieseinlage	1x Schnittteil „Mona"

NAHTZUGABEN
Alle Stoffteile mit 1 cm Nahtzugabe zuschneiden. Vlieseinlage ohne Zugaben ausschneiden. Bei Verwendung eines Stoffes mit Musterrichtung den Schnitt nicht im Stoffbruch zuschneiden, sondern beide Teile einzeln mit Nahtzugabe zuschneiden und am unteren Rand zusammennähen.

ANLEITUNG

Für die Jeanstasche vor dem Nähen die Blumenapplikation nach der Anleitung auf Seite 173 anbringen. Die Strasssteine erst nach dem Nähen aufbügeln.

1... Vor dem Nähen den Zuschnitt aus Vlieseinlage auf die Rückseite des Zuschnitts aus Oberstoff bügeln. Dann das Taschenteil aus Oberstoff und das Teil aus Futterstoff rechts auf rechts legen. Den Reißverschluss über die gesamte Länge öffnen. Dann beide Hälften laut Abbildung entlang der Rundungen zwischen die beiden Stofflagen legen und mit Stecknadeln fixieren. Dabei zeigen die Reißverschlusszähnchen nach innen, die Oberseite mit Griff liegt auf der Seite des Oberstoffs. Nun entlang der beiden runden Seiten nähen. Die Tasche durch eine der beiden verbliebenen Öffnungen auf rechts wenden.

2... Die Tasche mit der Außenseite nach oben flach hinlegen. Die obere und die untere Ecke gemäß Zeichnung nach innen legen. Dafür die Tasche an den gestrichelten Linien falzen, sodass jeweils zwei kurze offene Kanten aufeinander treffen. Ein Stück Stoff von 9 cm x 6 cm rechts auf rechts über diese noch nicht genähte Kante legen und alle Stofflagen durch eine Naht verbinden, dabei auch die kurzen offenen Kanten mit schließen.

3... Die drei Seiten des kleinen Stoffstücks laut Zeichnung nach innen legen und die lange Seite um die noch offene Kante und über das Reißverschlussende legen.

4... Alle Lagen zusammennähen. Mit beiden Seiten so verfahren. Für die lilafarbene Tasche aus den Stoffresten und dem Knopf eine Blüte nach der Anleitung auf Seite 172 anfertigen und die Tasche damit verzieren.

Flotte Neele

NAHTZUGABEN

Alle Schnittteile ohne Nahtzugabe ausschneiden, diese ist in den Schnittteilen und Maßen für Rechtecke bereits enthalten (1 cm).

Oberstoff	1x Schnittteil „Geldbeutel" im Stoffbruch
Futterstoff 1	1x Schnittteil „Geldbeutel" im Stoffbruch
Futterstoff 2	1x Streifen für Geldfächer, 12 cm x 56 cm
	1x Rechteck, 12 cm x 21 cm
	1x Rechteck für verdeckte Innentasche, 14 cm x 19 cm
	1x diagonaler Streifen, 0,5 cm x 3,5 cm (Schrägband)
Futterstoff 3	1x Rechteck 12 cm x 21 cm
	1x Schnittteil „Geldfach" im Stoffbruch
Vlieseinlage 1	1x Schnittteil „Geldbeutel" im Stoffbruch
Vlieseinlage 2	1x Schnittteil „Kartenfach"
	1x Schnittteil „Geldfach" (nicht im Stoffbruch)

ANLEITUNG

1... Das Kartenfach vorbereiten. Dazu den lange Stoffstreifen aus Futterstoff 2 wie einen Fächer gemäß der Zeichnung falten und glattbügeln.

2... Diesen Fächer auf das Rechteck aus Futterstoff 3 legen, sodass die unteren Kanten bündig aufeinanderliegen. An der unteren und an den seitlichen Kanten absteppen, damit der Fächer nicht verrutschen kann.

3... Das Schnittteil „Kartenfach" aus Vlieseline auf das entsprechende Rechteck aus Futterstoff 2 bügeln. Dann das Rechteck rechts auf rechts auf den vorbereiteten Fächer legen und an den markierten Kanten (rot) zusammennähen. An diesen Kanten ca. 3–5 mm Stoff stehen lassen. Die anderen zwei Kanten können abgeschnitten werden. Die Stoffteile wenden und glattbügeln.

4... Nun das Geldfach vorbereiten. Das entsprechende Schnittteil aus Futterstoff 3 falten und festlegen, welche Hälfte nach oben zeigen soll. Diese Seite von links mit Vlieseline verstärken und mit einer verdeckten Innentasche versehen (siehe Seite 163), wobei der Reißverschluss ca. 4 cm von der Außenkante entfernt ist. Dann das Stoffteil in der Mitte falten und glattbügeln. Karten- und Geldfach haben nun bereits die fertigen Formen, lediglich die Außenkanten sind noch offen.

Vorderseite   Rückseite

SCHWIERIGKEITSGRAD 2

GRÖSSE
24 cm x 13 cm

MATERIAL
Oberstoff: Baumwollstoff in Blau mit Blumen, 24 cm x 24 cm

Futterstoff 1: Baumwollstoff mit Streifen, 24 cm x 24 cm

Futterstoff 2: Baumwollstoff in Grün, 60 cm x 60 cm

Futterstoff 3: Baumwollstoff mit Kreisen, 24 cm x 32 cm

Vlieseinlage 1: Dekovil I, 30 cm x 30 cm

Vlieseinlage 2: Vlieseline H 250, 30 cm x 30 cm

Reißverschluss in Türkis, 16 cm lang

Grundknopf, ø 1,9 cm

Satinband in Türkis, 6 mm breit, 35 cm lang

SEITE 185 UND SCHNITTMUSTERBOGEN B

5... Der Geldbeutel ist aus mehreren Lagen aufgebaut. Als Erstes das Schnittteil aus Oberstoff auf die Arbeitsfläche legen, Dekovil nach oben. Darauf dasselbe Schnittteil aus Futterstoff 1 legen, wobei die bedruckte Seite nach oben zeigt, und mit einigen Stecknadeln fixieren. Das vorbereitete Kartenfach links platzieren, das Geldfach rechts. Alles feststecken. Alle Lagen ringsum mit Zickzackstich zusammennähen und überstehenden Stoffen an den Kanten abschneiden.

6... Dann das Schrägband rundum anheften und annähen (siehe Seite 174).
Zum Schluss den Knopf mit einem der Stoffe beziehen (siehe Seite 153) und vorne am Geldbeutel anbringen. Das Satinband an die Rückkante nähen; es kann zum Verschließen um den Knopf gewickelt oder geknotet werden.

Kleine Charlotte

NAHTZUGABEN

Alle Stoffteile mit 1 cm Nahtzugabe zuschneiden. Vlieseinlage ohne Zugaben ausschneiden. Bei Verwendung eines Stoffes mit Musterrichtung den Schnitt nicht im Stoffbruch zuschneiden, sondern beide Teile einzeln mit Nahtzugabe zuschneiden und am unteren Rand zusammennähen.

Oberstoff 1	1x Schnittteil „Charlotte"
Oberstoff 2	Stoffrest für Applikation, 10 cm x 32 cm
Futterstoff	1x Schnittteil „Charlotte"
Vlieseinlage	1x Schnittteil „Charlotte"

SCHWIERIGKEITSGRAD 2

GRÖSSE
8 cm x 8 cm x 18 cm

MATERIAL
TASCHE IN GRÜN-BLAU
Oberstoff 1: Baumwollstoff mit Retromuster in Grün-Blau, 35 cm x 40 cm

Futterstoff: Baumwollstoff mit Blumen in Grün-Blau, 35 cm x 40 cm

Vlieseinlage (siehe Tipp Seite 160), 35 cm x 40 cm

Reißverschluss, 30 cm

SCHNITTMUSTERBOGEN A

ANLEITUNG

Für die rote Tasche vor dem Nähen den Stoffstreifen aus Oberstoff 2 mithilfe von Vliesofix auf die Tasche applizieren, die Ränder mit einem aufgenähten Dekoband verdecken und die Zahl aufbügeln.

1... Den Zuschnitt aus Vlieseinlage auf die Rückseite des Oberstoffes bügeln. Dann die beiden Seiten des Taschenteils aus Oberstoff laut Abbildung zur Mitte falten. Für den Reißverschluss die in der Mitte liegenden langen Kanten jeweils 1,5 cm nach innen schlagen und den Reißverschluss einnähen. Die beiden eingeschlagenen Stoffkanten treffen dabei nicht aufeinander, sondern lassen eine Lücke von 1 cm, die den Reißverschluss zeigt. Dann die beiden kurzen Seiten laut Abbildung zusammennähen.

2... Die Tasche aufstellen, sodass an den vier Ecken jeweils zwei offene Kanten aufeinander treffen. Diese vier Seitennähte schließen und die Tasche durch den Reißverschluss wenden. Mit dem Futterstoff ebenso verfahren und auch zu einer Tasche verarbeiten. Dabei an der Stelle des Reißverschlusses eine Lücke lassen. Dann die Tasche aus Oberstoff über die noch auf links liegende Futtertasche stülpen und das Futter von Hand am Reißverschluss annähen.

MATERIAL
ROTE TASCHE

Oberstoff 1: Baumwollstoff in Rot mit Punkten, 35 cm x 40 cm

Oberstoff 2: Baumwollstoff in Weiß mit bunten Streifen, 10 cm x 40 cm

Futterstoff: Baumwollstoff in Grün mit Ranken, 35 cm x 40 cm

Dekoband in Weiß mit Blumen, 1 cm x 80 cm

Vlieseinlage (siehe Tipp Seite 160), 35 cm x 40 cm

Vliesofix, Rest

Zahl zum Aufbügeln

Reißverschluss, 30 cm

Kesse Jule

NAHTZUGABEN

Alle Stoffe und Vlieseinlagen mit 1 cm Nahtzugabe zuschneiden. Wenn die Tasche etwas kleiner werden soll, die Nahtzugaben weglassen. Die Tasche in Grün wurde ohne Nahtzugabe zugeschnitten.

ANLEITUNG

1... Die Vlieseinlage auf die Schnittteile aus Oberstoff bügeln. Die Seitenstreifen rechts auf rechts legen. Die kurzen Enden zusammennähen, dann auf rechts wenden.

2... Von den Seiten je ein Stoffteil aus Oberstoff und ein Teil aus Futter links auf links legen. Den Streifen zunächst auf die Seite heften, dann knapp am Rand nähen. Die Markierungen liegen dabei übereinander. Zum leichteren Nähen der Rundungen die Nahtzugabe am Seitenstreifen einige Millimeter einschneiden (siehe Seite 162).

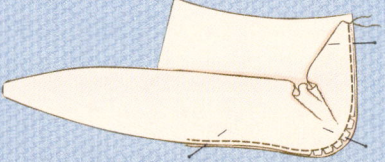

3... Das Schrägband um die äußere Kante nähen, die einfache Steppnaht wird dabei verdeckt. Die andere – noch offene – Seite der Tasche nach dem gleichen Prinzip schließen und mit dem Schrägband umnähen.

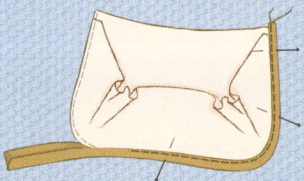

Hinweis Das Vogelmotiv am besten vor dem Zuschnitt aufdrucken und gut trocknen lassen!

SCHWIERIGKEITSGRAD 2

GRÖSSE
21 cm x 15 cm x 7 cm

MATERIAL
ROSA TASCHE
Oberstoff: Baumwollstoff in Rosa mit Blumen in Braun-Weiß, 70 cm x 40 cm

Futterstoff: Baumwollstoff in Braun, 70 cm x 40 cm

Stoffrest in Braun

Vlieseinlage: Vlieseline H 250, 70 cm x 40 cm

Schrägband in Braun, 2 cm breit, 2 m lang

Reißverschluss in Rosa, 22 cm lang

WEISSE TASCHE
Oberstoff und Futterstoff: Baumwollstoff in Weiß, 70 cm x 80 cm

Stoffrest in Türkis gepunktet

Vlieseinlage: Vlieseline H 250, 70 cm x 40 cm

Schrägband in Türkis, 2 cm breit, 2 m lang

Reißverschluss in Türkis, 22 cm lang

Schablone für Siebdruck: Vogel, 18 cm x 13 cm

Textilfarbe in Türkis

Stempel: Alphabet, 1 cm hoch

Stoffstempelkissen in Dunkelblau

GRÜNE TASCHE
Oberstoff und Futterstoff: Baumwollstoff in Grün mit Muster in Weiß-Blau, 70 cm x 80 cm

Vlieseinlage: Vlieseline H 250, 70 cm x 40 cm

Schrägband in Hellblau, 2 cm breit, 2 m lang

Reißverschluss in Hellblau, 22 cm lang

SEITE 186 UND SCHNITTMUSTERBOGEN B

4… Den oberen Rand einer Seite nach unten legen und mit Stecknadeln fixieren, um ihn nicht versehentlich mit festzunähen. Den Reißverschluss sehr knapp an den oberen Rand der Tasche nähen. Die linke Seite des Reißverschlusses zeigt dabei zum Futterstoff, der Schieber nach oben. Reißverschluss und Tasche mit dem Schrägband zusammennähen. Die Stecknadeln entfernen und den Reißverschluss an den anderen oberen Rand nähen.

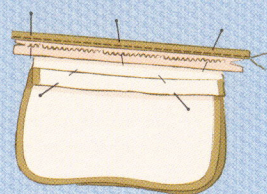

5… Die Laschen am Stoffbruch falten; die rechten Seiten des Stoffes liegen innen. Die Nahtzugaben am unteren Rand nach oben (außen) legen, dann die Seitennähte schließen und die Laschen auf rechts wenden.

6… Jede Lasche über ein Ende des Reißverschlusses schieben und die offene Kante zunähen.

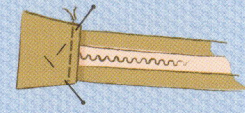

Oberstoff	2x Schnittteil „Seite"
	1x Schnittteil „Seitenstreifen" im Stoffbruch
	2x Schnittteil „Lasche" im Stoffbruch
Futterstoff	2x Schnittteil „Seite"
	1x Schnittteil „Seitenstreifen" im Stoffbruch
Vlieseinlage	2x Schnittteil „Seite"
	1x Schnittteil „Seitenstreifen" im Stoffbruch

TÄSCHCHEN UND HELFERLEIN

Allgemeine Anleitung

Damit Ihrem Taschentraum nichts im Wege steht, finden Sie im folgenden Kapitel hilfreiche Schritt-für-Schritt-Anleitungen rund ums Thema Nähen: Von der richtigen Ausstattung über die perfekte Materialauswahl bis hin zu Zuschnitt und Verstärkung der Stoffteile. Außerdem finden Sie viele weitere nützliche Hinweise zum Taschennähen. So können Sie Ihr Lieblingsmodell problemlos nacharbeiten … oder vielleicht doch gleich alle?

Die perfekte Ausstattung

NÄHMASCHINE

Natürlich ist die Nähmaschine das wichtigste Werkzeug zum Nähen der Taschen. Falls Sie den Kauf einer Nähmaschine planen, entscheiden Sie nicht nur nach dem Preis. Gerade für Anfänger ist es wichtig, dass die Maschine robust und leicht zu bedienen ist. Eine unübersichtliche Menge an Funktionen ist nicht nötig, denn in den meisten Fällen reichen 6-10 verschiedene Sticharten völlig aus. Beim Kauf einer Nähmaschine lohnt es sich, eine ausgiebige Beratung in Anspruch zu nehmen, um herauszufinden, welche Funktionen Sie wirklich benötigen.

Vielleicht haben Sie aber auch noch ein altes Modell irgendwo stehen oder geschenkt bekommen. Dies kann durchaus eine gute Alternative zu einer neuen Maschine sein. Lassen Sie das gute Stück von einem Nähmaschinen-Service durchchecken und Sie erhalten dadurch eine sehr robuste und zuverlässige Maschine ... wie ich mein „Kätzchen".

MEINE NÄHMASCHINE „KÄTZCHEN"

Meine treue Nähmaschine ist ein Modell aus den 60er Jahren und war mal ein Geschenk meiner Tante aus Berlin: Sie nähe ja doch nicht mehr und ich könne vielleicht mehr damit anfangen, waren ihre Worte. Als wir 2008 umzogen, ließ ich sie bei meinen Eltern stehen, da sie mir mit ihrem dazugehörigen Schrank viel zu schwer erschien. Stattdessen kam die wieder in Betrieb genommene Maschine aus meiner Kindheit mit. Welch ein Fehler! Beim nächsten Elternbesuch habe ich dann den Schrank von der Maschine abgeschraubt und mitgenommen (die Maschine! Nicht den Schrank). Was für eine Wohltat! Die Stoffe flitzen nur so unter ihrem Füßchen hinweg, kaum ein Faden reißt mehr. Und wie ich festgestellt habe, schnurrt sie über 4 (!) Lagen ziemlich dickes Leder wie ein Kätzchen. Und daher hat sie ihren Namen!

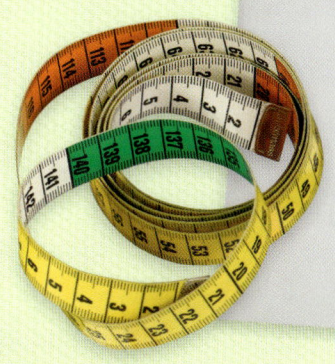

SCHEREN

Zum Zuschneiden der Stoffe wird eine gute Schneiderschere benötigt, die Sie im Fachhandel erhalten. Diese Schere sollte auf keinen Fall für Papier verwendet werden, da sie dadurch sehr schnell stumpf wird. Sinnvoll ist auch eine kleine Schere zum Durchtrennen von Fäden und zum Einschneiden der Nahtzugaben vor dem Wenden des Stoffes.
Zum Zuschneiden der Schnittvorlagen aus Papier reicht eine einfache Papierschere.

MASSBAND

Ein Maßband wird beim Nähen zum Abmessen von Längen und Abständen benötigt. Es ist außerdem praktisch, um die Länge der Taschenträger individuell anzupassen und Nahtzugaben anzuzeichnen.

STECKNADELN

Es gibt sie in verschiedenen Ausführungen mit großen Köpfen aus Kunststoff oder mit kleinen Metallköpfen. Für die Taschen in diesem Buch eignen sich am besten Stecknadeln mit kleinen Metallköpfen. Sie tragen am wenigsten auf und man kann sie mit der Maschine problemlos übernähen.

HANDNÄHNADELN

Sie werden zum Heften der Stoffe benötigt. Für diese einfache Arbeit eignet sich eine schmale Nadel mit kleinem Öhr.

FINGERHUT

Beim Nähen mit der Hand schützt ein Fingerhut den Mittelfinger, z. B. wenn eine Nähnadel mit viel Kraft durch dicken Stoff geschoben werden muss. Fingerhüte gibt es in verschiedenen Größen. Offene Hüte, so genannte Fingerringe, sind luftdurchlässig und daher oft angenehmer.

BUTTERBROTPAPIER

Zum Übertragen der Schnittmuster können Sie anstelle von speziellem Schnittmusterpapier auch einfaches Butterbrotpapier verwenden. Insbesondere bei kleinen Teilen – wie z. B. Taschen – reicht dieses meist aus.

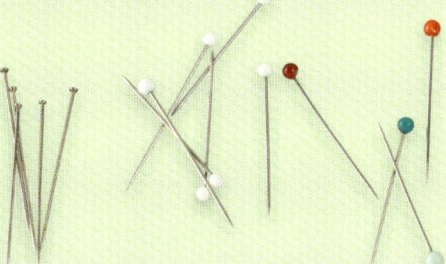
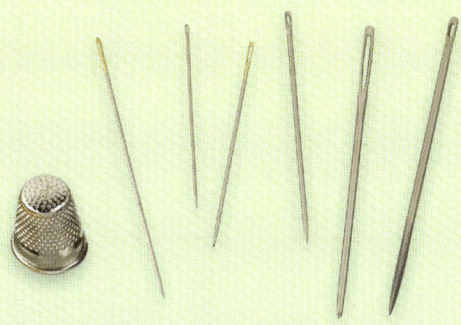

ALLGEMEINE ANLEITUNG | 149

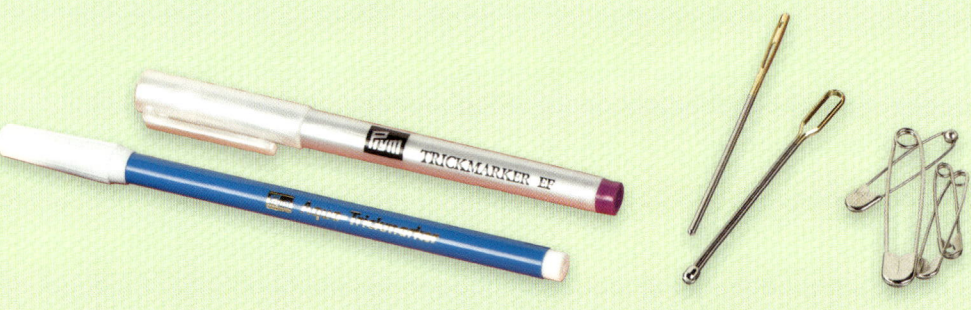

TRICKMARKER/AQUA-TRICKMARKER
Diese Marker sind zum Übertragen von Markierungen auf den Stoff gut geeignet. Sie verschwinden entweder nach kurzer Zeit von alleine oder werden mit klarem Wasser ausgewaschen. Testen Sie den Stift jedoch zuvor an einem kleinen Probestück.

KONTAKTKLEBER
Dieser Klebstoff eignet sich perfekt, um Leder und Stoff zu verbinden. Beide Teile werden mit Klebstoff eingestrichen und nach dem Trocknen fest aufeinander gepresst. Beim Nähen kann das Leder dann nicht mehr verrutschen.

ROLLSCHNEIDER
Mit dem Rollschneider, der in verschiedenen Größen erhältlich ist, werden Stoffe schnell und exakt zugeschnitten – sehr praktisch für Streifen und geometrische Formen. Um die Tischplatte zu schützen eine spezielle Schneidematte unterlegen.

WENDE-SET/WENDENADEL
Eine Wendenadel erleichtert das Verstürzen von schmalen Stoffstreifen wie Taschenhenkeln oder Trägern.

TEXTILKLEBER
Aqua-Fixiermarker und Textil-Klebestift ermöglichen das Fixieren von Stoffen, Borten, Applikationen, Reißverschlüssen u. ä. ohne Nadel und Faden. Beim Fixiermarker ist der Kleberauftrag durch gelbe Farbe sichtbar, die beim Trocknen verschwindet. Beide Kleber sind auswaschbar und hinterlassen keine Rückstände. Die Verwendung empfiehlt sich nur, wenn Sie die Tasche nach dem Auftragen des Klebers waschen wollen.

DURCHZIEHNADEL, SICHERHEITSNADEL
Dienen zum Einziehen von Gummiband oder Kordeln. Die abgerundete Spitze der Durchziehnadel eignet sich auch zum Ausformen genähter Ecken.

ECKEN- UND KANTENFORMER
Zum Ausformen von verstürzten Ecken verwendet man das spitze Ende, für Rundungen und Nahtränder das abgerundete Ende.

NAHTTRENNER
Ein praktisches Werkzeug, mit dem Nähte ganz leicht wieder aufgetrennt werden können, ohne dass der Stoff beschädigt wird.

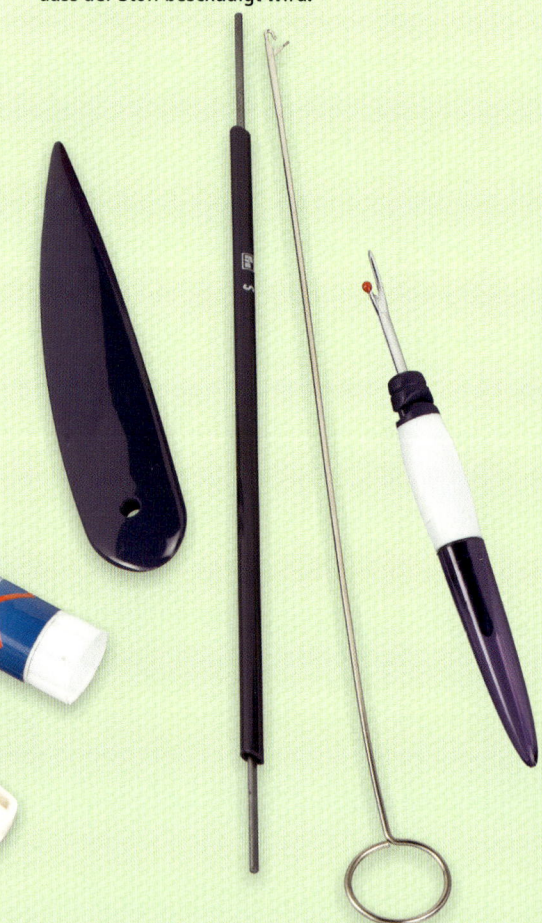

Nähgarn

Für verschiedene Näharbeiten gibt es ein breites Angebot an Garnen in unterschiedlichen Ausführungen und Lauflängen. Auch wenn Sonderangebote locken, sollte immer auf eine gute Garnqualität geachtet werden. Billige Garne können aus kurzen Fasern hergestellt sein, die schnell reißen und durch Knötchenbildung eine unregelmäßige Naht verursachen. Die meisten Garnrollen haben auf einer Seite eine Rille, in die das Fadenende eingeklemmt werden kann. Dies verhindert ein Abwickeln des Garns beim Aufbewahren. Manche Rollen besitzen stattdessen eine Kerbe. Werden solche Rollen auf den Garnrollenhalter der Nähmaschine gesteckt, muss die Kerbe entgegengesetzt zur Laufrichtung des Fadens liegen, damit er sich beim Nähen nicht verhaken kann. Für normale Näharbeiten sollte für Unter- und Oberfaden die gleiche Garnqualität verwendet werden.

DIE WICHTIGSTEN GARNARTEN IM ÜBERBLICK

ALLESNÄHER
Allesnäher besteht meist aus Polyester und eignet sich für fast alle Stoffe und Näharbeiten. Das Garn lässt sich sehr gut vernähen, ist leicht elastisch und reißfest.

REINES BAUMWOLLGARN
Reines Baumwollgarn wird für Naturmaterialien wie Baumwolle und Leinen verwendet.

HEFTGARN
Heftgarn besitzt nur geringe Reißfestigkeit und wird für provisorische Nähte verwendet.

KNOPFLOCHGARN
Knopflochgarn eignet sich für handgenähte Knopflöcher und plastische Zierstepperreien sowie zum Nähen von robusten Materialien wie Leder.

RAYON MASCHINENSTICKGARN
Rayon Maschinenstickgarn aus hochwertiger Viskose verleiht Stickereien einen edlen, seidenen Schimmer und zeichnet sich durch hohe Reißfestigkeit und Farbechtheit aus.

Tipp: Meist wird das Garn eine Nuance dunkler gewählt als die Farbe des Stoffes, dadurch wirkt es unauffällig. Wer einen dekorativen Effekt erzielen möchte, nimmt stattdessen eine Kontrastfarbe.

ALLGEMEINE ANLEITUNG

Verschlüsse

Die Verschlüsse für eine Tasche sollten mit viel Sorgfalt ausgewählt werden. Sie können unauffällig Ton-in-Ton nur zum Schließen dienen oder in einer Kontrastfarbe dekorative Akzente setzen. Häufig erhalten selbstgenähte Modelle durch außergewöhnliche Accessoires den letzten Schliff.

REISSVERSCHLÜSSE

Reißverschlüsse gibt es in verschiedenen Längen, Farben und Stärken. Sie sind mit einer Kunststoffspirale oder mit Metall- oder Kunststoffzähnchen versehen. Das Band besteht aus Baumwolle, Baumwollgemisch oder Polyester und sollte der Stoffstärke sowie den Pflegeeigenschaften der Tasche angepasst sein.

DRUCKKNÖPFE, ÖSEN UND NIETEN

Wenn solche Verschlüsse öfter verarbeitet werden, lohnt sich die Anschaffung einer Vario-Zange. Magnetverschlüsse eignen sich bestens für Taschen. Die Stoffrückseite vor Anbringen des Verschlusses mit Fixier-Stickvlies oder Bügeleinlage verstärken, damit er später nicht durch häufiges Öffnen einreißt.

Tipp Wäscheknöpfe aus Leinen können je nach Farbwunsch individuell eingefärbt werden. Mit Stoff-Malstiften lassen sich auch kleine Muster flink in den gewünschten Farbtönen aufmalen.

Tipp Sammeln und recyceln Sie Knöpfe, das macht Spaß und spart Geld. Bevor alte Kleidungsstücke aussortiert werden, einfach alle Knöpfe abtrennen. Zur besseren Übersicht gleiche Knöpfe immer auf einen Faden fädeln und in einer Dose oder Schachtel aufbewahren.

Stoffbezogene Knöpfe

Wenn sich im Kurzwarenangebot mal keine passenden Verschlüsse finden, können individuelle Knöpfe mit wenig Aufwand selbst hergestellt werden. Sie können mit Stoff, Bändern und anderen formbaren Materialien bezogen werden. So genannte Grundknöpfe gibt es in verschiedenen Größen aus Messing oder Kunststoff. Sehr einfach gelingt das Beziehen mit im Fachhandel erhältlichen Fertigpackungen, denen zusätzlich zwei Plastik-Werkzeugteile beigefügt sind.

1... Die Schnittvorlage aus der Packungsrückseite ausschneiden. Den Umriss mit einem Stift auf die linke Stoffseite übertragen und den Stoff entsprechend zuschneiden.

2... Das Stoffteil mit der rechten Seite nach unten auf die weiße Plastikform legen. Den Knopf mit der gewölbten Seite nach unten in die Öffnung drücken. Überstehende Stoffkanten nach innen legen und falls nötig mithilfe einer Nadel an den Zacken befestigen.

3... Die Knopfrückseite auflegen, so dass der Schriftzug PR lesbar nach oben zeigt, und mit der blauen Plastikkappe fest andrücken, bis sie einrastet.

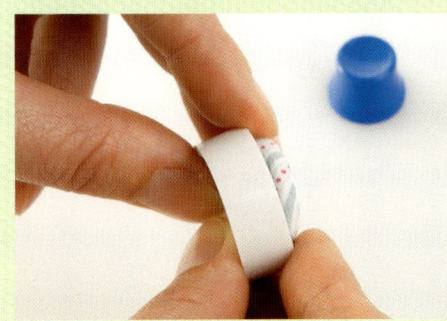

4... Zuletzt den fertigen Knopf von unten aus der Form herausschieben.

Tipp So werden aus Knöpfen kleine Kunstwerke: Verzieren Sie die Stoffmitte vor dem Beziehen mit kleinen Rocailles, Pailletten oder Strasssteinchen. Sehr dekorativ wirken auch kleine Stickereien, die besonders schnell mit einem Maschinenzierstich gelingen.

ALLGEMEINE ANLEITUNG | 153

Der Stoff

Stoffverbrauch

In Nähanleitungen findet sich gewöhnlich eine Stoffempfehlung mit Angabe der benötigten Menge. Diese Mengenangabe hängt jedoch von der Stoffbreite ab. Hat der gewählte Stoff eine andere Breite, können die Schnittteile vor dem Kauf z. B. auf einer zur entsprechenden Breite zusammengefalteten Tischdecke probeweise ausgelegt und so der Stoffbedarf ausgemessen werden.
Bei einigen Stoffen, z. B. solchen mit Strichrichtung, ungleichmäßigen Karos oder Streifen, müssen beim Auflegen der Schnittteile alle eingezeichneten Fadenlauf-Pfeile in die gleiche Richtung zeigen, wodurch sich der Stoffverbrauch je nach Modellgröße erhöhen kann. Folgende Besonderheiten sind zu beachten:

Für fast alle in diesem Buch beschriebenen Taschen wurden Baumwollstoffe verwendet. Sie lassen sich besonders gut verarbeiten, da sie problemlos für den Zuschnitt markiert werden können, leicht zu pflegen sind und ihre Kanten wenig ausfransen.
Generell gilt: Je größer die Tasche, desto stärker der Stoff.

STOFFE MIT STRICHRICHTUNG
Materialien wie Frottier, Samt, Fleece, Velours, Nicki und Cord besitzen auf der Oberfläche kleine Schlingen oder Härchen. Dieser so genannte Flor ist beim Darüberstreichen mit der Hand zu spüren. Sträuben sich die Härchen, so streicht man gegen den Strich. Fährt man mit dem Strich über den Stoff, so liegen alle Schlingen oder Härchen in eine Richtung und die Oberfläche fühlt sich glatt an. Beim Zuschnitt müssen alle Teile in einer Richtung aufgelegt werden, sodass die Strichrichtung identisch ist, sonst erscheinen sie später je nach Lichteinfall unterschiedlich schattiert. Die Stoffteile sollten außerdem möglichst in Strichrichtung gesteppt werden.

STOFFE MIT MUSTERRICHTUNG
Einige Stoffe zeigen Motive, wie z. B. Blumen, Tiere oder Ornamente, die alle in die gleiche Richtung ausgerichtet sind. Auch hier müssen die Schnittteile alle in einer Richtung auf den Stoff gelegt werden, sonst stehen einige Motive später am fertigen Modell auf dem Kopf.

KARIERTE STOFFE

Bei gleichmäßigen Karos (im Bild unten) erlaubt das symmetrische Muster das Auflegen der Schnittteile in beide Richtungen. Bei ungleichmäßigen Karos (im Bild oben) treffen aber nicht alle längs verlaufenden Streifen aufeinander, daher die Schnittteile nur in einer Richtung auflegen. Beim Falten von Stoffen mit Karomustern darauf achten, dass die quer- und längs verlaufenden Streifen an den Nähten exakt und deckungsgleich aufeinander treffen.

Tipp Als Näheinsteiger sollten Sie für Ihre ersten Modelle besser einfarbige Stoffe oder unkomplizierte Muster wählen, bei denen man die Schnittteile in beide Richtungen auflegen kann. So fällt der Zuschnitt leichter. Außerdem können Sie sich beim Nähen ganz auf die Technik konzentrieren und müssen keine exakten Musteranschlüsse beachten.

GESTREIFTE STOFFE

Für gestreifte Stoffe gilt im Prinzip dasselbe wie für Karos. Haben die Stoffe ein asymmetrisches Streifenmuster (im Bild oben), können die Schnittteile nur in einer Richtung aufgelegt werden, bei gleichmäßigen Streifen (im Bild unten) in beide Richtungen. Jedoch darauf achten, dass die Streifen bei allen Teilen übereinstimmend horizontal oder vertikal verlaufen.

Tipp Nähmaschinen mit einem eingebauten doppelten Stofftransport führen den Stoff gleichzeitig von oben und unten. Beim Nähen von Streifen- und Karostoffen sollte auch der Obertransport eingeschaltet sein, denn er verhindert das Verschieben der Stoffe. So passt das Muster an der Naht später exakt zusammen.

STOFF VORWASCHEN

Bevor Stoff verarbeitet bzw. zugeschnitten wird, sollte er je nach Pflegeempfehlung gewaschen und gebügelt werden. Vor allem Baumwolle und Leinen können beim Waschen etwas einlaufen. Nicht-waschbare Stoffe und Baumwollreißverschlüsse mit dem Dampfbügeleisen oder unter einem feuchten Tuch überbügeln. Auch Bänder entsprechend vorbehandeln. Für reine Dekorationsobjekte, die später nicht gewaschen werden, ist das Vorbehandeln der Materialien nicht unbedingt erforderlich.

Stoffzuschnitt

Ist der passende Stoff gefunden, müssen nun die einzelnen Schnittteile vom Papierschnitt abgepaust, auf den Stoff aufgelegt und zugeschnitten werden. Dabei werden Nahtzugaben angezeichnet und eventuell Markierungen übertragen.

DIE WICHTIGSTEN FACHBEGRIFFE

FADENLAUF

Bei gewebten Stoffen werden längs laufende Fäden Kettfäden, quer laufende Fäden Schussfäden genannt. Der Fadenlauf bezeichnet die Richtung des Kettfadens und verläuft normalerweise parallel zu den Webkanten. Sind an einem Stoffrest keine Webkanten mehr zu sehen und ist der Fadenlauf schwer erkennbar, wenn möglich am Rand einen Gewebefaden anziehen, der dann die Richtung weist. In Schnitten ist der Fadenlauf mit Pfeilen gekennzeichnet. Beim Auflegen der Schnittteile müssen diese Pfeile, wenn nicht anders angegeben, parallel zum Fadenlauf liegen.

FADENGERADE ZUSCHNEIDEN

Um exakte und gerade Kanten zu schneiden, die Schere an einem Faden entlang bzw. zwischen zwei Fäden führen.

STOFFBRUCH

Für symmetrische Schnittteile ist oft nur der halbe Schnitt abgebildet. Eine gerade Kante markiert die Achse, an der das Schnittteil zur Vervollständigung gespiegelt werden muss. Diese Kante ist meist mit „Stoffbruch" beschriftet und/oder durch eine gestrichelte Linie markiert. Um die fehlende Hälfte gegengleich und ohne Naht zu ergänzen, wird der Stoff vor dem Zuschnitt gefaltet. Die gerade Kante des Schnittteils wird nun genau an diesem Knick, dem so genannten Stoffbruch, angelegt und das Schnittteil aus dem doppelt gelegten Stoff ausgeschnitten. Bei Webstoff entspricht der Stoffbruch dem Fadenlauf.

RECHTE/LINKE STOFFSEITE

Die schöne Oberseite, die beim fertigen Modell außen zu sehen ist, wird als rechte, die Rückseite als linke Stoffseite bezeichnet.

RECHTS AUF RECHTS

Ein Stoffteil wird mit der rechten Seite auf die rechte Seite eines anderen Stoffteils gelegt. Die linken Stoffseiten zeigen also jeweils nach außen.

NAHT- UND SAUMZUGABE

Zugaben sind die Stoffränder zwischen Nahtlinie (= Linie, auf der genäht wird) und Schnittkante. In diesem Buch enthalten die Schnittmuster noch keine Nahtzugaben. Diese müssen vor dem Zuschnitt aufgezeichnet werden. Empfohlen wird eine Zugabe von 1 cm.

WEBKANTE

Beim Weben eines Stoffes entstehen seitlich in Längsrichtung die Webkanten, die parallel zum Fadenlauf liegen. Die Webkanten sind sauber abgeschlossen und fransen im Gegensatz zu Schnittkanten nicht aus. Da sie etwas fester sind als der restliche Stoff sollten sie, außer als Nahtzugaben, beim Zuschneiden nicht einbezogen werden.

SCHNITTMUSTER ABPAUSEN

Um Platz zu sparen werden Schnittmuster häufig auf Bögen überlappend mit Schnittmustern anderer Modelle aufgezeichnet. Aus diesem oder anderen Gründen kann es sinnvoll sein, einen Papierschnitt nicht direkt auszuschneiden, sondern ihn abzupausen. Für diesen Zweck gibt es im Fachhandel spezielles Schnittmusterpapier, verwendet werden können aber auch Seiden-, Transparent- oder Butterbrotpapier. Das Papier auf die Vorlage bzw. das Muster legen. Ist ein großer Schnittmuster-Bogen vom Falten sehr uneben, das Papier einfach mit einem Bügeleisen ohne Dampffunktion glätten. Mit Filz- oder Bleistift alle Linien, Markierungen und Beschriftungen der einzelnen Teile nachzeichnen und anschließend die Schnittteile ausschneiden. Werden Vorlagen mehrmals verwendet, kann man zur Verstärkung die Rückseite mit dickerem Papier, z. B. Packpapier, bekleben. Für kleinere Motive kann eine Schablone aus Pappe sehr praktisch sein. Die Konturen einfach mithilfe von Pauspapier auf die Pappe übertragen, dann die Schablone sorgfältig ausschneiden.

SCHNITTTEILE AUFLEGEN

Den Stoff zuerst bügeln, dann schön glatt und faltenfrei zurechtlegen. Darauf achten, dass alle Schnittteile im richtigen Fadenlauf darauf Platz haben. Die Schnittteile werden immer auf der linken Stoffseite aufgelegt, sodass dort auch Zugaben und Markierungen angezeichnet werden können. Große Teile zuerst, kleinere danach auflegen. Zwischen den einzelnen Schnittteilen Abstand für das Anzeichnen der Nahtzugaben lassen. Um die Stofffläche optimal auszunutzen kann es sinnvoll sein, die Schnittteile nach und nach auszuschneiden und sich dafür immer wieder einen neuen Stoffbruch zu falten. Für einmal benötigte asymmetrische Schnittteile den Stoff einfach legen, für zweimal benötigte Teile doppelt legen und beide Teile zusammen ausschneiden. Um zu überprüfen, ob die Teile auch richtig im Fadenlauf liegen, an beiden Enden des auf dem Schnittteil aufgezeichneten Fadenlaufs zu Bruch oder Webkante messen und die Stelle mit je einer Stecknadel markieren (siehe Foto). Der Abstand sollte an beiden Pfeilenden gleich sein.

Für halbe Schnittteile eine Stoffseite gerade so weit umklappen, dass die Teile im entstandenen Stoffbruch aufgelegt werden können. Beim Falten liegt die rechte Stoffseite immer innen. Vor dem Auflegen des Schnittteils sollte an mehreren Stellen der Abstand vom Bruch zur oben liegenden Webkante gemessen werden um zu garantieren, dass der Stoff auch genau im Fadenlauf und nicht schief gefaltet wurde.
Die Schnittteile nun ringsum mit Stecknadeln so feststecken, dass die Schnittlinie zum Schneiden frei bleibt. Bei doppelt gelegtem Stoff darauf achten, dass die Nadeln beide Lagen erfassen. Bei Lackstoffen, Leder oder Wachstuch bleiben Nadeleinstiche sichtbar, deshalb Schnittteile mit Klebeband oder Büroklammern befestigen.

Tipp Schnittvorlagen für Stoffe mit schwierigen Mustern wie Karos und Streifen am besten mit einem wasserfesten Stift auf durchsichtige Schnittfolie zeichnen. Beim Zuschneiden ist so der Verlauf des Musters wesentlich besser sichtbar als bei herkömmlichem Schnittmusterpapier.

Tipp Wer einen sehr hohen Verbrauch an Schnittmusterpapier oder -folie hat, kann im Baumarkt günstige Alternativen wie z.B. PE-Baufolie oder Abdeckplanen finden. Am besten zuerst in kleiner Menge ausprobieren und eine mittlere bis starke Qualität wählen.

SCHNITTKONTUREN UND MARKIERUNGEN ÜBERTRAGEN

Bevor der Papierschnitt nach dem Zuschneiden der Stoffteile wieder abgenommen wird, müssen die Nahtlinien (= Konturen) und alle im Schnittteil eingezeichneten Markierungen, bis auf den Fadenlauf, auf den Stoff übertragen werden. Wird später Vlieseline aufgebügelt, die am Rand des Schnittteils befindlichen Markierungen, wie Ansatzpunkte für andere Teile oder vordere und rückwärtige Mitte, bis auf die Nahtzugabe verlängern, damit sie sichtbar bleiben. Alternativ können diese Stellen auch mit kurzen Einschnitten in den Zugaben gekennzeichnet werden. Zum Übertragen von Markierungen gibt es verschiedene Möglichkeiten:

MARKIERUNG BEI DOPPELTER STOFFLAGE

Ein Stück Schneiderkopierpapier mit der beschichteten Farbseite nach oben auf eine gerade Oberfläche legen. Das zugeschnittene Stoffteil darauf legen. Das Kopierrädchen zuerst entlang der Papierkante führen und so die Nahtlinien übertragen. Dann alle weiteren Markierungen nachrädeln. Die Linien sind nun auf der unteren Stofflage sichtbar, der Papierschnitt kann abgenommen werden.
Beide Stofflagen nun wieder bündig mit Stecknadeln aufeinander stecken, ohne die markierten Linien zu treffen. Den Stoff umdrehen und erneut auf das Kopierpapier legen, sodass die bereits kopierten Linien oben liegen. Die Linien noch einmal nachrädeln, um sie auch auf die zweite, jetzt unten liegende Stofflage zu kopieren. Sollen bei zwei oder mehreren Stoffteilen gleichzeitig linke

NAHTZUGABEN AUFZEICHNEN

Bei den meisten Schnittteilen dieses Buches müssen die Nahtzugaben ringsum mit Handmaß und Trickmarker oder Schneiderkreide auf den Stoff gezeichnet werden. Entlang der eingezeichneten Markierung wird dann zugeschnitten. Sind die Nahtzugaben gleichmäßig aufgezeichnet, liegen die Schnittkanten später beim Nähen exakt aufeinander. Für das Gelingen einer geraden Naht kann man sich dann an den Schnittkanten orientieren und so einen Arbeitsschritt, das Übertragen der Nahtlinien, sparen.

STOFFTEILE ZUSCHNEIDEN

Den Stoff entlang der Papierkante oder der eingezeichneten Markierung mit einer scharfen Schneiderschere zuschneiden. Dabei so wenig wie möglich anheben, da sich sonst die Schnittkanten leicht verschieben können. Mit der freien Hand den Stoff dicht neben der Schnittlinie festhalten und mit langen Schnitten arbeiten.

und rechte Seiten markiert werden, gelingt das Übertragen sehr exakt mit dem Durchschlagstich. Diese Methode ist besonders bei dünnen und empfindlichen Stoffen empfehlenswert, bei denen das Kopieren nicht möglich ist.

Tipp Ein praktisches Hilfsmittel zum Markieren bei doppelter Stofflage ist ein Parallelkopierrad. Beim Übertragen von Schnittteilen zeichnet es die Naht- und Schnittlinien gleichzeitig auf den Stoff. Dazu besitzt es ein zweites, je nach Zugabenbreite verstellbares Rädchen, das die Zugaben automatisch im richtigen Abstand zur Nahtlinie markiert.

MARKIERUNG AUF DER RECHTEN STOFFSEITE

Markierungen wie Knopflöcher oder Aufsetzpunkte für Applikationen müssen auf die rechte Stoffseite übertragen werden, da sie später auch von dieser Seite gearbeitet werden. Bei doppelt gelegtem Stoff befinden sich die rechten Seiten immer innen. An den entsprechenden Stellen Stecknadeln durch den Papierschnitt und beide Stofflagen stechen. Dann die obere Stofflage zurückschlagen und jeweils beide Durchstichstellen mit Schneiderkreide oder Trickmarker anzeichnen.

Tipp Besteht ein Schnitt aus vielen Einzelteilen, kennzeichnen Sie diese auf den linken Stoffseiten mit beschriftetem Klebeband. Das erleichtert die Übersicht und das benötigte Teil ist schnell gefunden.

MARKIERUNG BEI EINFACHER STOFFLAGE

Die Nahtlinie entlang der Papierkante mit Schneiderkreide oder Trickmarker aufzeichnen. Um die Markierungen zu übertragen, an den entsprechenden Stellen Stecknadeln durch Papier und Stoff stechen, den Papierschnitt vorsichtig bis zur Nadel anheben und die Einstichstellen auf der linken Stoffseite markieren. Müssen sie auch auf der rechten Stoffseite sichtbar sein, einfach die Ausstichstellen ebenfalls markieren (siehe Foto).

Einlagen

Einlagen verwendet man, um den Taschen an bestimmten Stellen Festigkeit und Formbeständigkeit zu verleihen. Es gibt Vlieseinlagen und gewebte Stoffeinlagen zum Aufbügeln oder Einnähen, bekannt unter dem Markennamen Vlieseline. Bei der Wahl einer geeigneten Einlage müssen Qualität sowie Bügel- und Pflegeeigenschaften des Stoffes berücksichtigt werden. Besonders beliebt sind Bügeleinlagen, da sie leicht zu verarbeiten sind.

Das angebotene Sortiment an Einlagen ist sehr vielfältig. Grundsätzlich gilt: Je größer die Tasche, desto fester die Einlage. In der folgenden Aufstellung finden Sie Infos zu den in diesem Buch verwendeten Einlagen.

S 320
Leichte und sehr feste Einlage für Deko- und Baumwollstoffe, auch Schabrackeneinlage genannt. Eignet sich z. B. für Stoffkörbchen, Taschen oder Bastelarbeiten.

H 630
Ein Volumenvlies, das den Taschen einen wattierten Effekt und eine gleichmäßige, feste Oberfläche verleiht.

DECOVIL I
Eine aufbügelbare Einlage mit lederähnlichem Griff. Sie ist reißfest, schnittkantenfest und unempfindlich gegen Knicke.

Außerdem wurden folgende Vliesstoffe verwendet:

VLIESOFIX
Eine beidseitig haftende und aufbügelbare Vlieseline. Sie eignet sich hervorragend für Applikationen.

LAMIFIX
Eine transparente, fixierbare und abwaschbare Bügelfolie. Sie wird für Kulturbeutel und Taschen verwendet, die dann bei Bedarf mit einem feuchten Tuch abgewischt werden können.

Tipp Die perfekte Einlage für mittelgroße Taschen können Sie selbst zusammenstellen: Eine Lage H 250 oder S 320, darüber H 630. An den Befestigungsstellen für die Träger und für die Taschenböden am besten Decovil I auf den Futterstoff bügeln. So erhält die Tasche eine wunderbare Haptik und genau die richtige Stabilität.

Leder

VERSTÄRKEN MIT VLIESELINE

In Schnitten und Anleitungen ist meist vorgegeben, welche Schnittteile mit welcher Art von Einlage versehen werden sollen. Aufbügelbare Einlagen sind hierbei am einfachsten zu handhaben. Sie besitzen eine gekörnte Klebeseite, die sich durch Bügeln mit dem Stoff verbindet, sodass nichts mehr verrutschen kann. Eine Bügelempfehlung ist bei den Vlieseline-Einlagen auf dem Kantendruck zu finden. Zuerst sollte eine Probe auf einem entsprechenden Stoffrest gemacht werden, um die Haftung zu prüfen.

Mit Leder arbeiten ist einfacher als man denkt! Versprochen. Testen Sie am besten zunächst ein dünnes Leder um zu sehen, wie gut es sich auf Ihrer Maschine verarbeiten lässt. Gerade, wenn mehrere Lederschichten genäht werden, ist ein dünnes Leder von Vorteil.
Leder franst nicht aus und muss daher weder versäubert noch umgeschlagen werden. Damit beim Nähen nichts verrutscht, das Leder und den Stoff mit einem speziellen Kontaktkleber einstreichen und trocknen lassen. Dann beide Teile fest aufeinander pressen und einige Zeit fixieren. Mit Naht und Klebstoff hält das Leder dann bombenfest!

VLIESELINE ZUSCHNEIDEN

Zum Zuschneiden der Vlieseline die entsprechenden Papierschnittteile auf die Vlieseline stecken, dabei wie beim Stoff den Fadenlauf berücksichtigen. Für halbe Schnittteile die Vlieseline doppelt legen und das Schnittteil im Bruch feststecken. Beim Auflegen von asymmetrischen Schnittteilen darauf achten, dass die gekörnte Klebeseite später auf die linke Stoffseite aufgebracht wird. Werden die Schnittteile auf die gekörnte Seite aufgelegt, müssen sie also umgedreht und spiegelverkehrt zugeschnitten werden.
Für die Taschen werden alle Einlagenteile ohne Nahtzugabe ausgeschnitten. So wird vermieden, dass die Nähte später zu stark auftragen.

VLIESELINE AUFBÜGELN

Den Vlieselinezuschnitt mit der gekörnten Seite auf die linke Stoffseite legen und nach den Bügelempfehlungen aufbügeln. Dabei laut Herstelleranweisung Schritt für Schritt oder langsam gleitend vorgehen und an jeder Stelle einige Sekunden leicht aufdrücken. Die verstärkten Stoffteile vor der Weiterverarbeitung etwa 20 Minuten abkühlen lassen.

ALLGEMEINE ANLEITUNG | 161

Wichtige Hinweise zum Nähen der Taschen

BÜGELN

Bügeln ist das A und O beim Nähen. Glätten Sie alle Nähte, das erleichtert alle Folgenähte. Bügeln Sie die Stoffe immer von links, um glänzende Stellen zu vermeiden und den Oberstoff nicht zu beschädigen. Eine alte Weisheit besagt: Gut gebügelt ist halb genäht!

WENDETASCHEN

Im Buch finden Sie bei einigen Taschen das Symbol „Wendetasche". Bei diesen Taschen sind Außenseite und Futter gleich gearbeitet und können von beiden Seiten genutzt werden. Also ganz ordentlich arbeiten und zur Belohnung gleich zwei Taschen erhalten.

BESCHNEIDEN VON NAHTZUGABEN

Damit die Nähte später glatt und ordentlich liegen, müssen die Nahtzugaben vor dem Wenden etwas beschnitten werden.

Ecken werden diagonal abgeschnitten. Dabei nicht zu nah an die Naht heran schneiden, sondern 2 mm Stoff stehen lassen. So ergibt sich beim Wenden keine Wulst in der Ecke.

Innenbögen einfach mit geraden Schnitten einschneiden, so liegt auch diese Naht nach dem Wenden flach. Der Bogen der Stoffkante ist kleiner als der Bogen der Naht. Ohne Einschnitte würde die Nahtzugabe spannen, Falten werfen und so für eine Wulst unter der Naht sorgen.

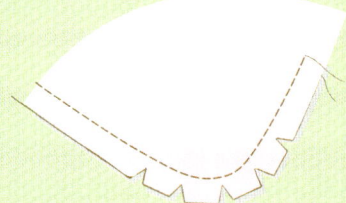

Außenbögen werden vor dem Wenden mit mehreren V-förmigen Einkerbungen versehen. Auch hierbei nicht ganz bis zur Naht einschneiden, sondern 2 mm Stoff stehen lassen.

VERDECKTE TASCHE MIT REISSVERSCHLUSS EINNÄHEN

MATERIAL
Reißverschluss, 16 cm
Stoff für die Innentasche, 2x 16 cm x 18 cm

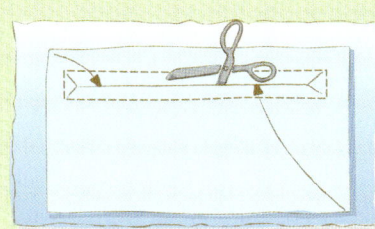

1... Das Stoffstück für die Innentasche rechts auf rechts auf den Taschenstoff legen. Dann mit der Nähmaschine ein lang gezogenes Rechteck von ca. 1 cm x 15 cm steppen und die Stoffe so verbinden. Mit der Schere beide Stoffe laut Abbildung Y-förmig aufschneiden. Jetzt den kompletten Innentaschen-Stoff durch die Öffnung auf die Rückseite des Taschenstoffs stülpen und alles schön flach bügeln.

3... Den Taschenstoff umdrehen und auf der Rückseite ein Stück Futterstoff auf den bereits festgenähten Futterstoff legen.

2... Einen farblich passenden Reißverschluss hinter das Loch legen, rundherum von rechts festnähen und so Reißverschluss und Taschenstoff verbinden.

4... Nun die beiden Futterstoffteile rundherum zusammennähen. Achtung: Den Taschenstoff nicht mit festnähen.

ALLGEMEINE ANLEITUNG | 163

KLEINE VORDERTASCHE

MATERIAL
Rest Taschenstoff
Rest Futterstoff
Vlieseline® H 250
Knopf

1… Die kleine Tasche und die Klappe je 1x aus dem Taschenstoff, 1x aus dem Futterstoff zuschneiden und 1x Vlieseline.

2… Die kleinen Abnäher bei Taschenstoff und Futter nähen. Dann für die Tasche Taschen- und Futterstoff rechts auf rechts legen und alle Seiten bis auf eine kleine Wendeöffnung zusammennähen. Die Klappenteile ebenfalls rechts auf rechts legen und zusammennähen, auch hier eine Öffnung aussparen.

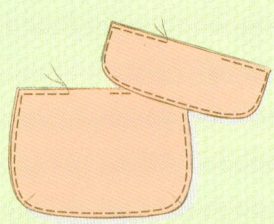

3… Tasche und Klappe auf rechts wenden. Dann die obere Taschenkante und die Rundung der Klappe zur Verzierung noch einmal von rechts absteppen und dabei die Wendeöffnungen verschließen.

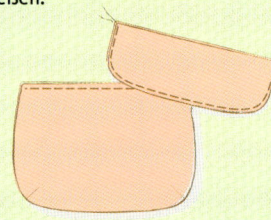

4… Den Knopf auf die Tasche aufnähen. Die entsprechende Stelle für das Knopfloch auf der Klappe markieren und das Knopfloch nähen. Nun beide Teile auf die Tasche nähen. Dabei darauf achten, dass der Abstand zwischen kleiner Tasche und Klappe stimmt und sich die Tasche gut zuknöpfen lässt.

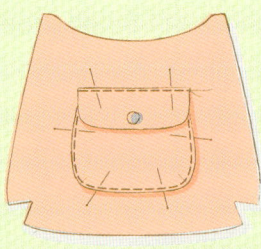

ECKEN UND RUNDUNGEN NÄHEN

1… Um ein gerades Stück Stoff um eine Ecke zu nähen, den Stoff an der Ecke einige Millimeter einschneiden, wie abgebildet an den unteren Stoff stecken und festnähen. Dabei darauf achten, dass die Naht neben dem Einschnitt verläuft und der Einschnitt nach dem Wenden nicht sichtbar ist.

2… Bei einem Bogen einfach den geraden Stoff mehrere Male einschneiden, um den Bogen legen und dann festnähen. Dabei darauf achten, dass die Naht neben den Einschnitten verläuft, sie sind nach dem Wenden sonst sichtbar.

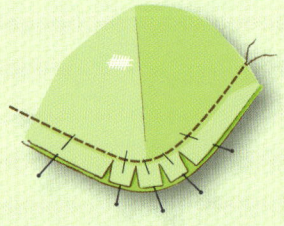

Innentaschen nähen

EINFACHE INNENTASCHEN NÄHEN

MATERIAL
Baumwollstoff, 25 cm x 16 cm

SCHNITTMUSTERBOGEN A

Baumwollstoff — 1x Schnittteil „Innentasche Handy"

1... Das Schnittmuster können Sie in Höhe und Breite an Ihre Tasche anpassen. Den oberen Rand des Stoffstreifens zweimal knapp nach hinten legen und knappkantig absteppen.

2... Den Stoff in Pfeilrichtung in Falten legen und mit Stecknadeln fixieren.

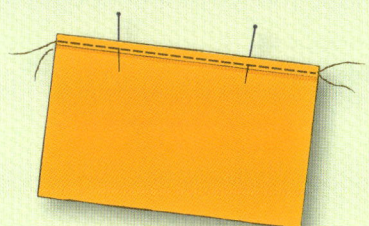

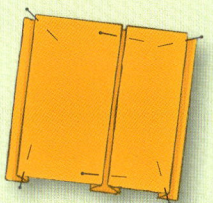

3... An den seitlichen Rändern und am unteren Rand den Stoff schmal nach hinten umklappen und an der gewünschten Stelle der Tasche (Futterstoff) feststecken. Dann die Tasche an den Seiten, dem unteren Rand und zwischen der Falte festnähen.

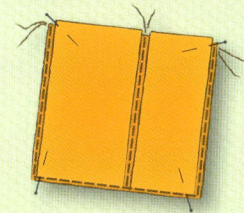

VERDECKTE TASCHE MIT REISSVERSCHLUSS EINNÄHEN

MATERIAL
Reißverschluss, 16 cm
Stoff für die Innentasche, 2x 16 cm x 18 cm

Hinweis Statt zwei Stoffstücke (hier 16 cm x 18 cm) können Sie auch ein einziges, doppelt so großes Stück verwenden (in diesem Fall 32 cm x 18 cm), das Sie unten einfach falten. Die Stelle, in die das Loch geschnitten wird, können Sie auf der linken Stoffseite mit Vlieseline (H 250) verstärken.
Für einen 16 cm langen Reißverschluss bietet sich ein Vliesstreifen von ca. 18 cm x 3 cm an.

1... Das Stoffstück für die Innentasche rechts auf rechts auf den Taschenstoff legen. Dann mit der Nähmaschine ein langgezogenes Rechteck von ca. 1 cm x 15 cm steppen und die Stoffe so verbinden. Mit der Schere beide Stoffe laut Abbildung Y-förmig aufschneiden. Jetzt den kompletten Innentaschen-Stoff durch die Öffnung auf die Rückseite des Taschenstoffs stülpen und alles schön flachbügeln.

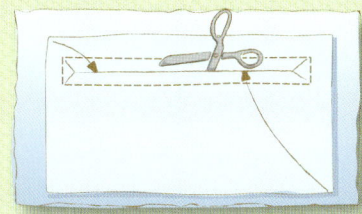

2... Einen farblich passenden Reißverschluss hinter das Loch legen, rundherum von rechts festnähen und so Reißverschluss und Taschenstoff verbinden.

Taschengriffe selbst nähen

RUNDE TASCHENGRIFFE AUS STOFF

MATERIAL FÜR 2 GRIFFE
4 Stoffstreifen, 70 cm x 8 cm

2 Streifen feste Vlieseinlage (H 250), 70 cm x 8 cm

Gartenschlauch oder Gummikordel, ø 7 mm, 1 m lang

SCHNITTMUSTERBOGEN A

Oberstoff	4x Schnittteil „Taschengriff"
Vlieseinlage	4x Schnittteil „Taschengriff"

1... Die Vlieseinlage (ohne Nahtzugabe) auf die Stoffzuschnitte (mit Nahtzugabe) bügeln. Dann je 2 Stoffstreifen rechts auf rechts legen und zusammennähen. Eine kleine Lücke zum Wenden offen lassen. Die Träger wenden und flachbügeln, die kleine Lücke von Hand schließen.

2... Den Streifen in der Mitte falzen und die beiden äußeren Kanten zwischen den Markierungen „Naht bis hier" zusammennähen.

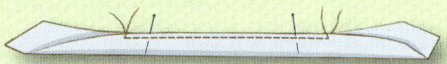

3... Den Gartenschlauch auf ca. 48 cm kürzen und in die hohle Rolle schieben, sodass er nicht mehr zu sehen ist (ggf. noch etwas weiter kürzen). Die Enden vom Schlauch mit ein paar Stichen locker am Stoff befestigen, sodass er nicht mehr herausrutschen kann. Achtung: Beim Biegen des Henkels kann der Schlauch etwas herausrutschen. Diesen dann noch etwas kürzen.

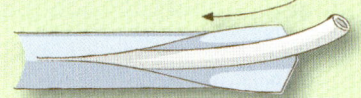

3... Den Taschenstoff umdrehen und auf der Rückseite ein Stück Futterstoff auf den bereits festgenähten Futterstoff legen.

4... Nun die beiden Futterstoffteile rundherum zusammennähen. Achtung: Den Taschenstoff nicht mit festnähen.

4... Den Henkel biegen und die beiden Enden wie abgebildet auf die Tasche nähen. Nach Belieben noch eine Niete in die Mitte der Nähte setzen.

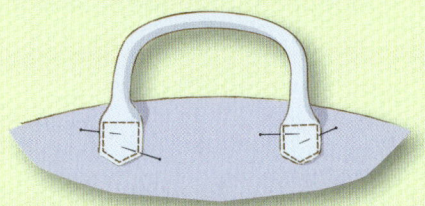

Hinweis Für Ledergriffe das Schnittteil „Taschengriff" ohne Nahtzugabe zuschneiden. Dann gemäß Anleitung (Schritte 3 und 4) verarbeiten.

FLACHE HENKEL

1... Den Vlieselinestreifen mittig auf den Stoffstreifen bügeln. Die Nahtzugaben an den langen Seiten nach innen falten und bügeln, sodass der Stoffstreifen dieselbe Breite hat wie der Vlieselinestreifen.

MATERIAL FÜR 2 HENKEL
2 Vlieselinestreifen in gewünschter Henkellänge und doppelter Breite

2 Stoffstreifen, je 2 cm länger und 2 cm breiter als die Vlieseline-Streifen

2... Die Enden versäubern. Dazu die Enden des Streifens gemäß der Abbildung rechts auf rechts legen und die Nahtzugaben absteppen. Dann so wenden, dass die Nahtzugaben im Inneren des Henkels verschwinden.

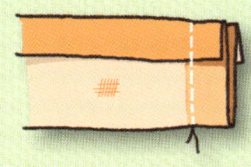

3... Den gesamten Streifen längs falten und glattbügeln. Dann die offene Seite absteppen. Die andere Seite kann ebenfalls abgesteppt werden, dies ist aber nicht notwendig.

4... Um den Henkel an einer Tasche anzubringen, die Enden an der entsprechenden Stelle feststecken und mit doppelten Nähten ein Viereck mit einem verstärkenden Kreuz in der Mitte absteppen.

ALLGEMEINE ANLEITUNG | 167

Das eigene Label

ENDSTÜCK FÜR KORDEL

MATERIAL
Rest Leder
Kordel, ø 1,2 cm
sehr festes Garn
Nähnadel
Lochzange
D-Ring, 3 cm breit
2 Nieten (je Henkel)

SEITE 191

1... Die Befestigung für den D-Ring aus einem zur Tasche passenden Stoff anfertigen. Dafür die Vorlage „Kordelenden" und „Befestigung D-Ring" auf das Leder übertragen und (ohne Nahtzugabe) ausschneiden. Die Löcher mit der Lochzange stanzen.

2... Das eine Ende des Leders um die Kordel legen und den D-Ring über das Leder stülpen. Dann das zweite Ende des Leders um das Kordelende legen. Die Löcher sollten nun genau übereinander liegen. Mit dem Garn das Lederstück an der Kordel festnähen.

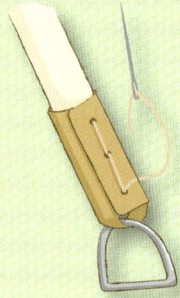

3... Die Befestigung für den D-Ring durch diesen ziehen, umknicken und auf die Tasche nähen. Ggf. mit einer Niete verstärken.

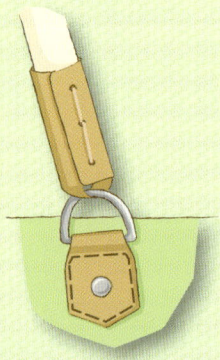

Mit den Taschen gestalten Sie Ihre eigenen Kunstwerke, lassen Sie also alle Welt wissen, wer sie erschaffen hat. Im Internet gibt es mehrere Firmen, die Namensbänder nach individuellen Ideen oder vorgegebenen Vorlagen herstellen.

Dekorationen nähen

ROSE

1... Am Stoffstück die diagonal gegenüber liegenden Ecken abrunden. Dann die beiden langen Seiten gemäß der Pfeile rechts auf rechts legen und mit Stecknadeln fixieren.

2... Den Stoff mit einfachen Heftstichen zusammennähen. Dadurch, dass an den Seiten jeweils die Rundung an die gerade Kante genäht wird, verdreht sich das Stoffstück beim Nähen. Durch die letzte verbleibende Öffnung den Stoff wenden und die Lücke schließen.

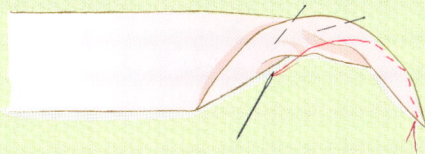

3... Die verdrehte Naht gerade ausrichten, den Nähfaden locker raffen. Dann den Stoff aufwickeln, dabei den unteren Teil mit einigen Stichen fixieren.

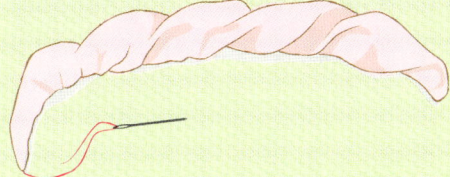

MATERIAL
Stoffrest,
50 cm x 10 cm

BÄNDER-BLUME

1... Die Dekobänder jeweils zur Hälfte falten, mit den offenen Seiten Kante an Kante legen und vom kleinsten zum größten hin in eine Reihe nähen.

2... Die zusammengenähten Dekobänder zu einer Schnecke legen und mit einigen Stichen von Hand zusammennähen. Zum Verdecken der losen Enden in der Mitte einen Knopf aufnähen.

MATERIAL
25 bis 30 Stücke von verschiedenen Dekobändern, 5 - 15 cm lang

Knopf, ø 15 mm

ALLGEMEINE ANLEITUNG | 169

GEWEBTE ROSE

1... Zunächst die Markierungen der Vorlage auf den Filzkreis übertragen. Dann die Löcher für die Sicherheitsnadel stanzen und eine Sicherheitsnadel einstechen. Mit dem Nähgarn die 5 Löcher außen und das mittlere Loch sternförmig verbinden. Auf der Vorderseite sind die Fäden sichtbar, auf der Rückseite werden sie im Filz versteckt.

2... Die 2. Sicherheitsnadel an ein Ende des gerissenen Stoffstreifens befestigen. Das andere Ende des Bandes in der Mitte festhalten, das Band kreisförmig über und unter den Fäden entlangweben. Die Sicherheitsnadel entfernen und das Ende unter die gewebten Bänder schieben. Ggf. die Bänder über den Filzkreis ziehen und mit einer einfachen Naht von Hand befestigen. Zum Schluss die Wachsperlen in die Mitte nähen. Die Rose mit der Sicherheitsnadel auf die passende Tasche heften.

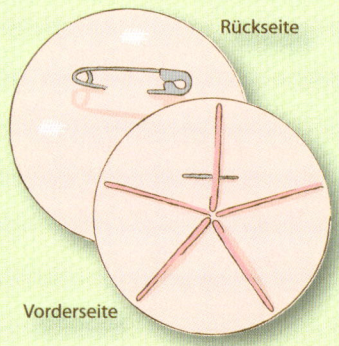
Rückseite
Vorderseite

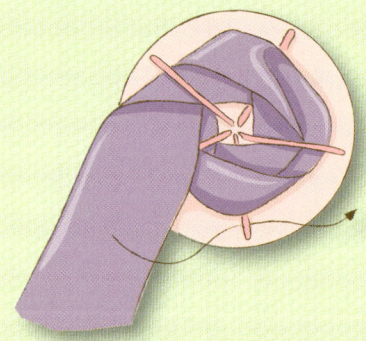

MATERIAL
Filzkreis in Dunkelrot, 3 mm stark, ø 6 cm
gerissener Stoffstreifen (oder Organzaband) in Dunkelrot, ca. 2,5 cm (4 cm) breit, 1,5 m lang
starkes Nähgarn in Dunkelrot
Nähnadel und 2 Sicherheitsnadeln
ggf. 3 bis 5 Wachsperlen

SEITE 191

BLUME AUS REISSVERSCHLÜSSEN

MATERIAL
2 Reißverschlüsse mit Metallzähnen in unterschiedlichen Farben, 22 cm lang

Rest starker Filz

3... Aus dem Filz einen 6 cm großen Kreis ausschneiden. Die Reißverschluss-Abschnitte zusammenziehen und gemäß Abbildung auf den Filzkreis nähen.

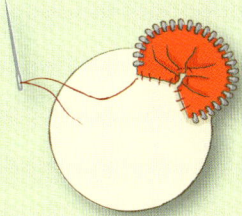

1... Beide Reißverschlüsse komplett öffnen, den Reißverschluss-Schieber abknipsen. Für die Blüten einen der Reißverschlüsse der Länge nach 3x teilen.

2... Die sechs Reißverschluss-Abschnitte mit einem einfachen Heftstich auffädeln.

4... Die beiden langen Reißverschluss-Teile ebenfalls mit einem Heftstich auffädeln, zusammenziehen und schneckenförmig – von außen beginnend – in die Mitte der Blüten nähen.

SCHLÜSSELANHÄNGER

MATERIAL
Schlüsselanhänger aus Filz, 3,5 cm x 15 cm

Stoffrest

Rest Vliesofix

Vliesofix auf die Rückseite des Stoffrestes bügeln, auf 2,5 cm x 24 cm zuschneiden und auf den Schlüsselanhänger nähen. Den Rand mit einem Knopflochstich umnähen.

BLÜTE

MATERIAL
5 Stoffkreise, ø 7 cm
Knopf, ø ca. 2,5 cm

1... Einen Stoffkreis in der Mitte falten, sodass die rechte Stoffseite außen liegt. Dann entlang der Rundung mit Heftstichen zusammennähen. Dabei den Faden lang genug lassen, um noch die 4 anderen Blätter darauf auffädeln zu können. Den Faden an beiden Seiten raffen und die Rundung zusammenziehen. So ergibt sich die Form eines Blütenblatts.

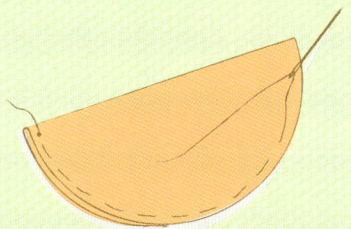

2... Mit den restlichen vier Kreisen ebenso verfahren. Diese dabei jeweils mit dem gleichen Faden raffen, der schon beim ersten Blütenblatt verwendet wurde, sodass die Blütenblätter miteinander verbunden sind. Dann die beiden offenen Enden zusammennähen. Die Mitte mit einem ausreichend großen Knopf verdecken.

BUNTES WINDRAD

MATERIAL
Stoffrest gerissen, 45 cm x 4,5 cm
Stoffrest gerissen, 30 cm x 3,5 cm
Filzkreis, ø ca. 4,5 cm
Borte, 15 cm
Knopf, ø ca. 1,5 cm

1... Die kurzen Seiten des größeren Stoffstreifens rechts auf rechts legen, zusammennähen und so den Streifen zum Ring schließen.

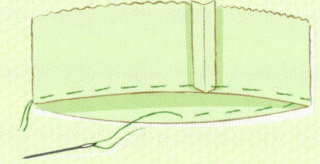

2... Entlang einer der langen Seiten im Heftstich nähen. Dann an beiden Seiten den Faden raffen und die lange Seite zusammenziehen. So ergibt sich die Kreisform.

3... Aus dem zweiten Stoffstreifen einen Kreis auf die gleiche Weise fertigen. Dann das Dekoband ebenfalls heften und zusammenraffen. Den Filzkreis rundherum V-förmig einschneiden. Dann die drei Rosetten und den Filzkreis der Größe nach geordnet aufeinander legen, festnähen und mit einem stoffbezogenen Knopf (siehe Seite 97) dekorieren.

APPLIKATIONEN MIT STOFF UND FILZ

1... Das Vliesofix auf die Rückseite der bunten Stoffreste bügeln, dann die Applikation ausschneiden. Beides auf den Filzrest bügeln. Nun das Motiv mit einem Zickzack-Stich am Rand entlang aufnähen.

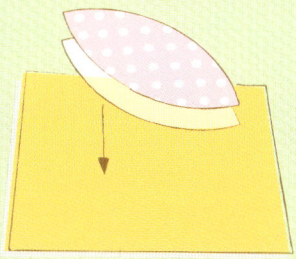

2... Die Applikation so ausschneiden, dass vom Filz ein ca. 2 mm breiter Rand stehen bleibt. Dann die Applikation auf die Tasche nähen.

MATERIAL
bunte Stoffreste   Filz, Rest
Nähgarn,   Vliesofix, Rest
glänzend

FRANSENAPPLIKATION

MATERIAL
Stoffrest

Aus einem Stoffrest das gewünschte Motiv ausschneiden und mithilfe von Vliesofix auf dem Untergrund fixieren, auf den appliziert werden soll. Nun die Konturen mit einfachem Steppstich ca. 3 mm vom Rand entfernt nachnähen. Den losen Stoffrand mit dem Fingernagel aufrauen. Ein besonders interessanter Effekt wird erzielt, wenn Teile des Motivs mehrlagig gearbeitet werden. Zum Schluss nach Wunsch mit Knöpfen oder Strasssteinen verzieren.

ALLGEMEINE ANLEITUNG | 173

Schrägband anfertigen und verarbeiten

SCHRÄGBAND SELBST ANFERTIGEN

MATERIAL
Baumwollstoff
Schrägbandformer (Fachhandel)
Bügeleisen
lange Sticknadel

1... Für einen 1,5 cm breites Schrägband einen 3,5 cm breiten Streifen ausschneiden. Um dehnbares Schrägband anzufertigen, muss man diesen Streifen im Schrägschnitt ausschneiden, also 45° zum Fadenlauf. Wenn die Stoffstreifen kürzer sind als das gewünschte Schrägband, können sie auch aneinandergenäht werden. Dabei nicht vergessen, die Naht glattzubügeln.

In manchen Fällen kann man auch ein gerade geschnittenes Schrägband verwenden. Der Schrägschnitt ist nur dann notwendig, wenn das Schrägband über steile Kurven oder Ecken gelegt werden muss. Ansonsten den Streifen einfach im Fadenlauf zuschneiden.

2... Den Streifen durch den Schrägbandformer schieben (oder, wie rechts gezeigt, gleich einen Schrägbandfuß für Nähmaschinen verwenden). Hierbei können Sie eine lange Sticknadel zu Hilfe nehmen. Sobald die ersten paar Zentimeter auf der anderen Seite des Schrägbandformers erscheinen, den gefalteten Streifen glattbügeln. Danach in Abständen von ca. 10 cm vorgehen: Den Stoff durch den Schrägbandformer ziehen, glattbügeln, durchziehen, glattbügeln.

3... Zum Schluss den fertigen Streifen wiederum längs falten und glattbügeln, sodass er um die Stoffkante gelegt werden kann.

SCHRÄGBAND ANNÄHEN

Um Schrägband schneller und einfacher anzunähen, gibt es spezielle Schrägbandfüße. Viele Hersteller von Nähmaschinen bieten die passenden Füßchen zu ihren Maschinen an. Bei älteren Modellen kann auf einen allgemeinen Fuß zurückgegriffen werden, der an den Schraublöchern an der Maschine befestigt wird.

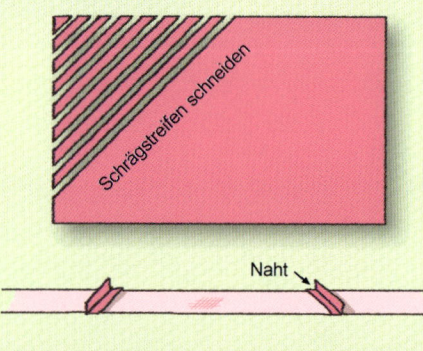

Stickstiche

HEFTSTICH

Der Klassiker. Von unten in den Stoff stechen, 2–4 mm daneben wieder nach hinten stechen, zurück nach vorne usw. Man kann mit der Stichlänge und dem Abstand zwischen den Stichen spielen.

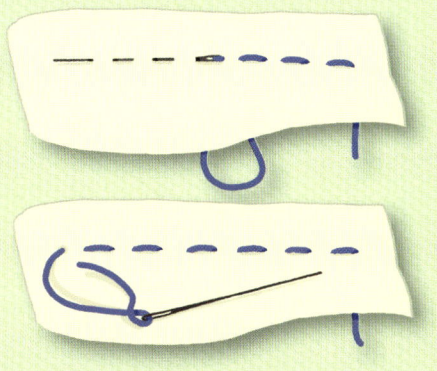

RÜCKSTICH

Ideal für durchgezogene Linien. Wenn von rechts nach links gestickt wird: Von unten in den Stoff stechen, rechts daneben zurückstechen. Dann links vom ersten Einstichpunkt wieder nach vorne und rechts daneben in den ersten Einstichpunkt nach hinten stechen. So entsteht eine durchgängige Linie. Man kann sehr kleine Stiche von 1–2 mm machen, aber bei größeren Mustern und dickeren Stoffen sind auch lange Stiche von 5–10 mm möglich.

KNÖTCHENSTICH

Für süße kleine Pünktchen. Von unten in den Stoff stechen. Die Nadel 3x mit dem Stickgarn umwickeln. Knapp neben dem Einstichpunkt wieder zurückstechen. Die Garnschleifen auf den Stoff drücken und langsam den Faden ganz durchziehen, sodass aus den Schleifen ein kleiner runder Knoten entsteht.

Schnittmuster

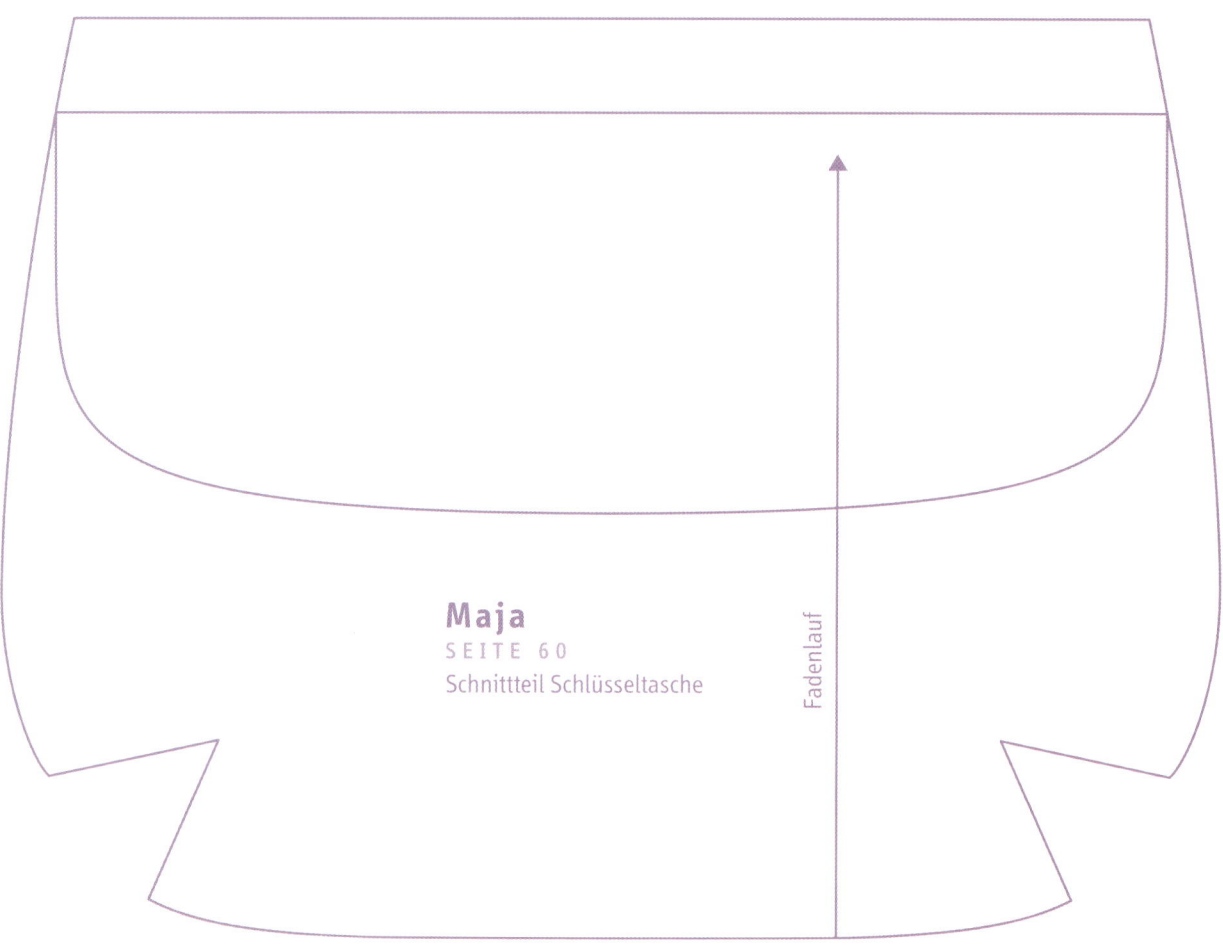

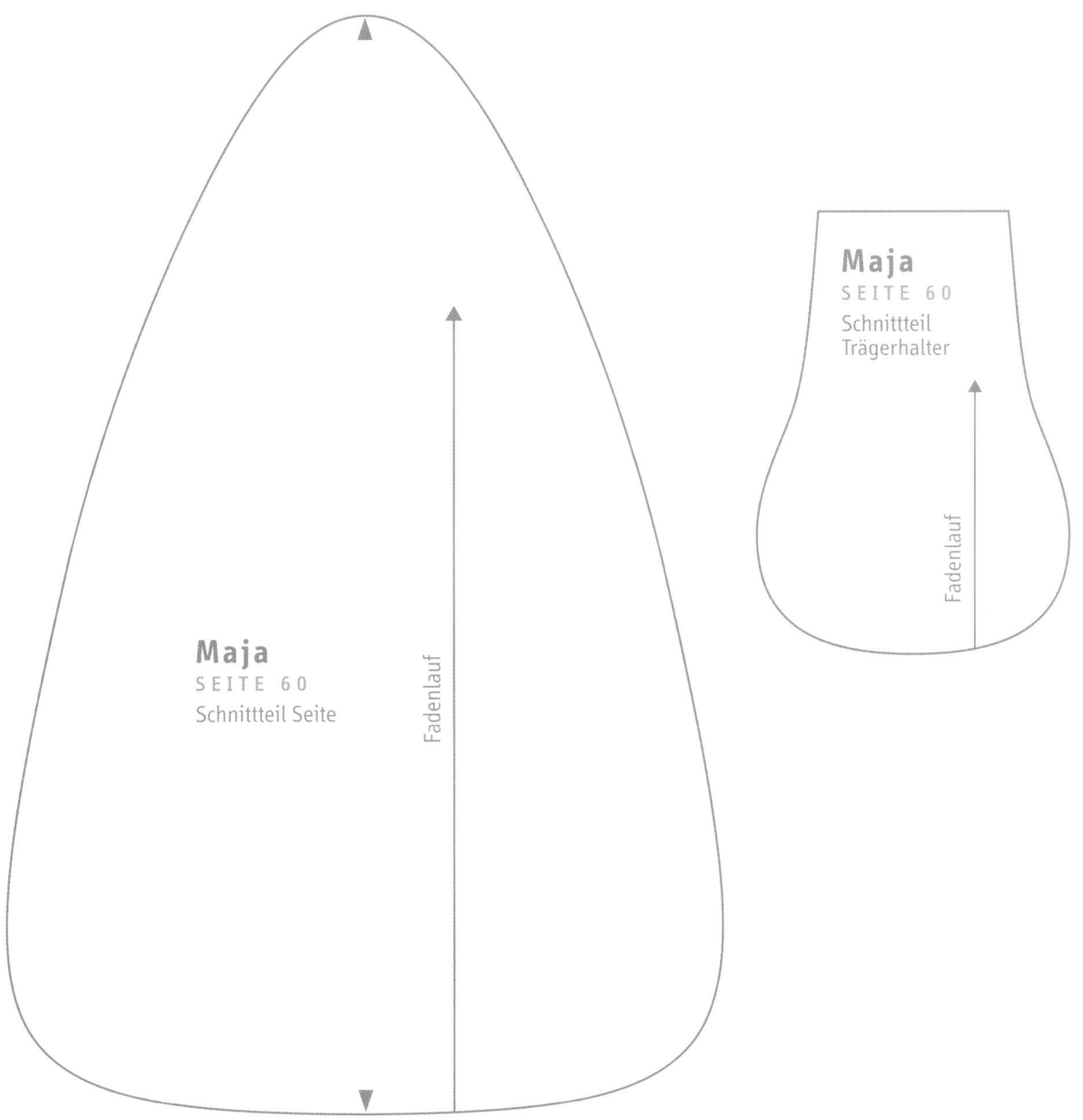

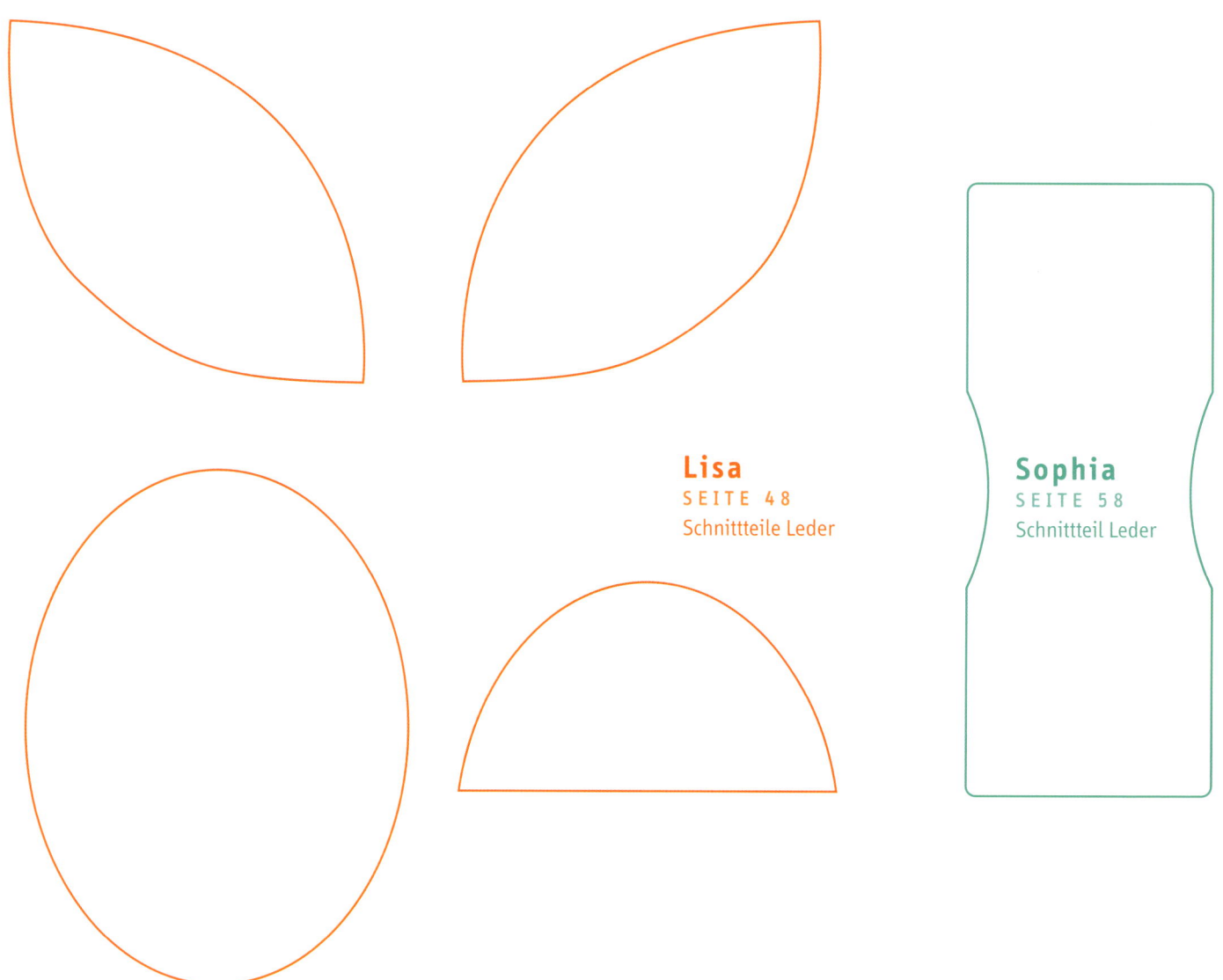

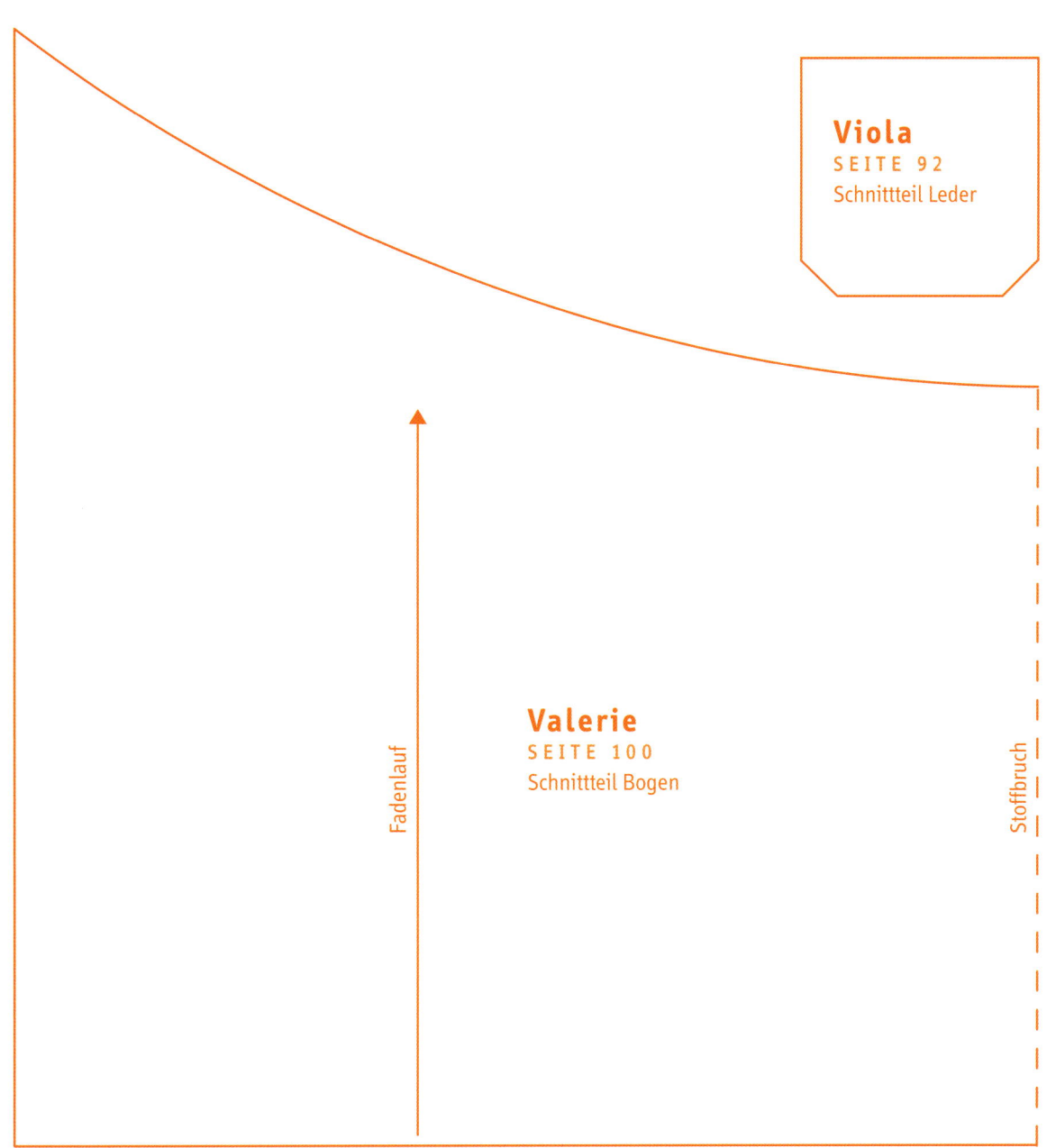

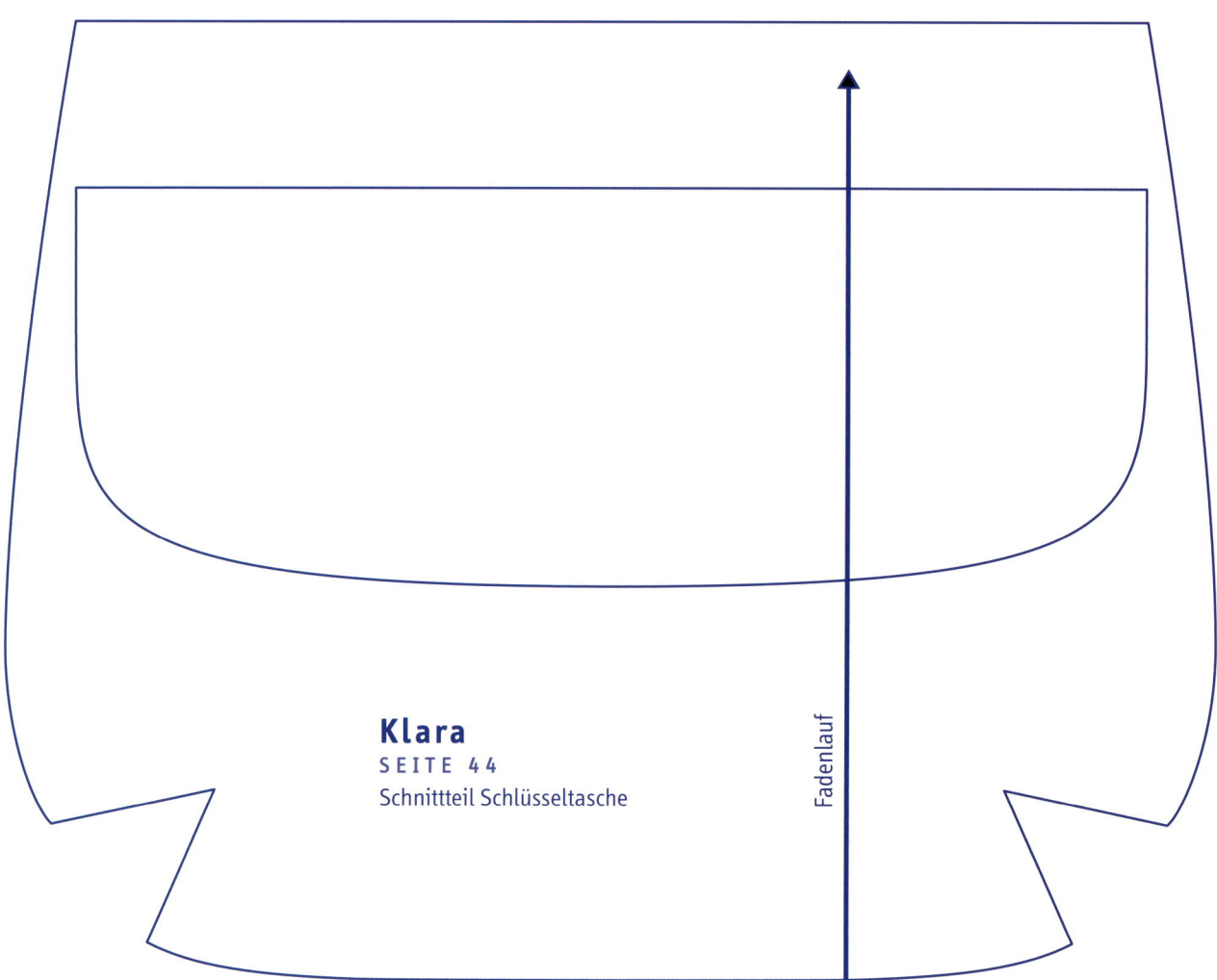

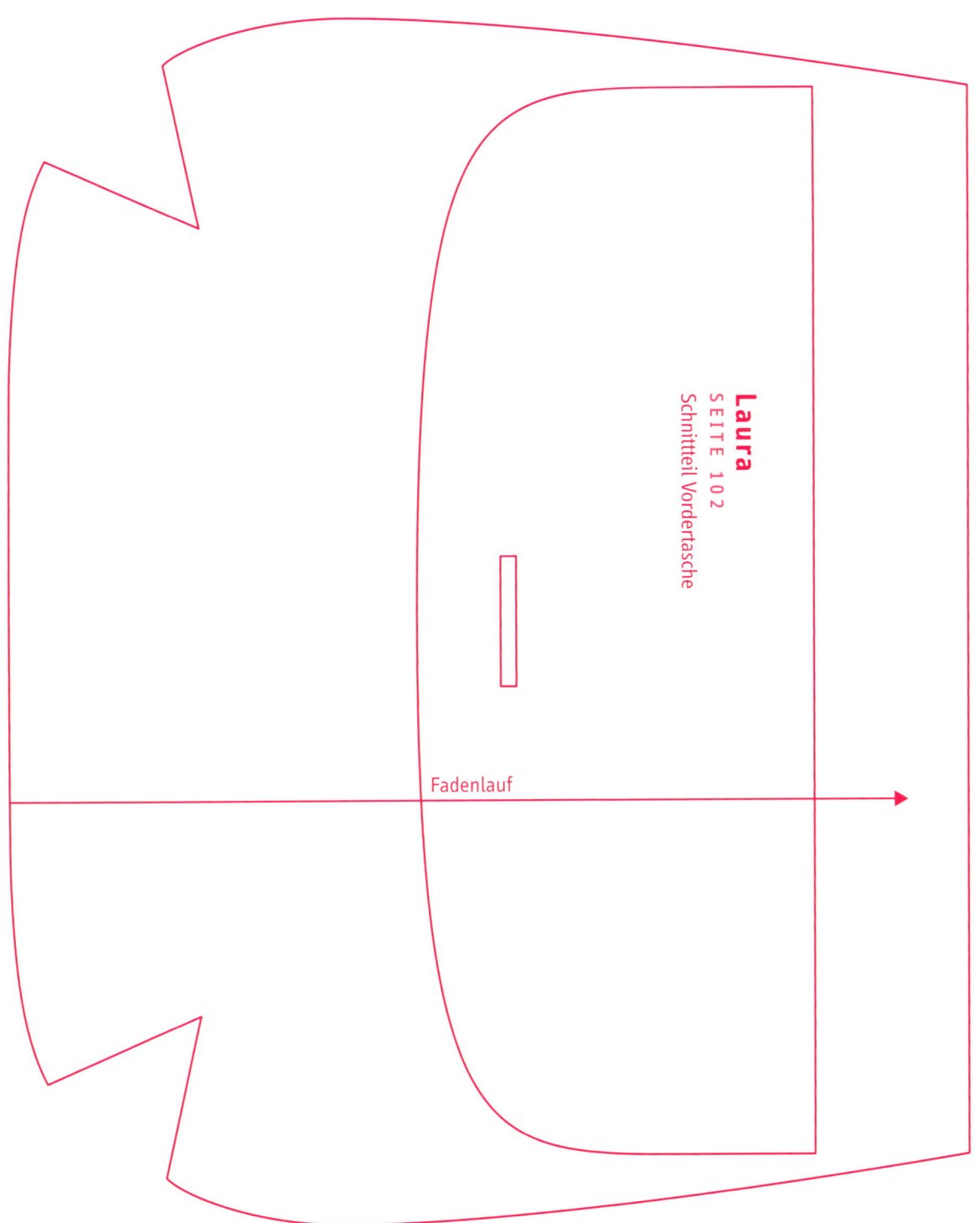

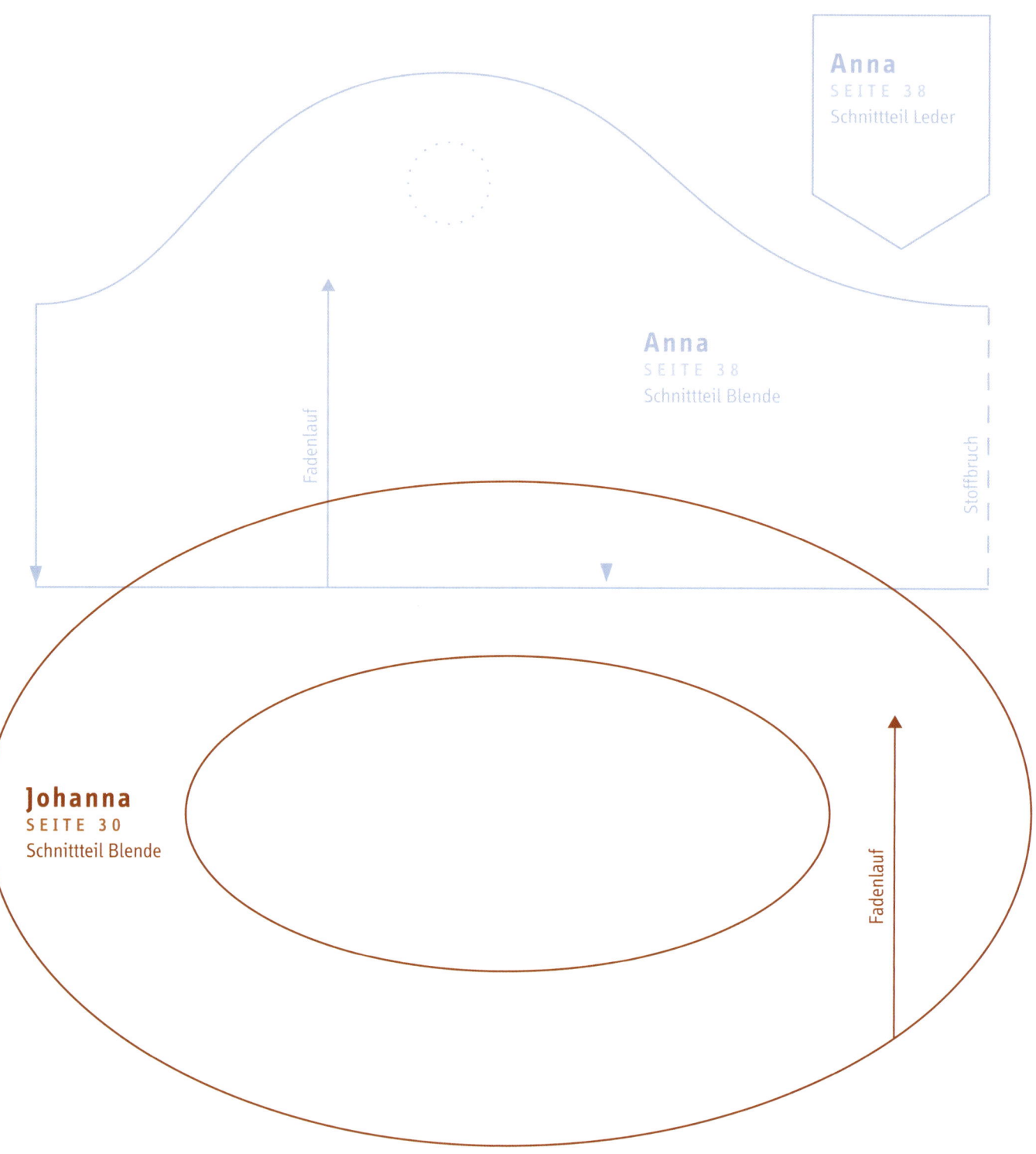

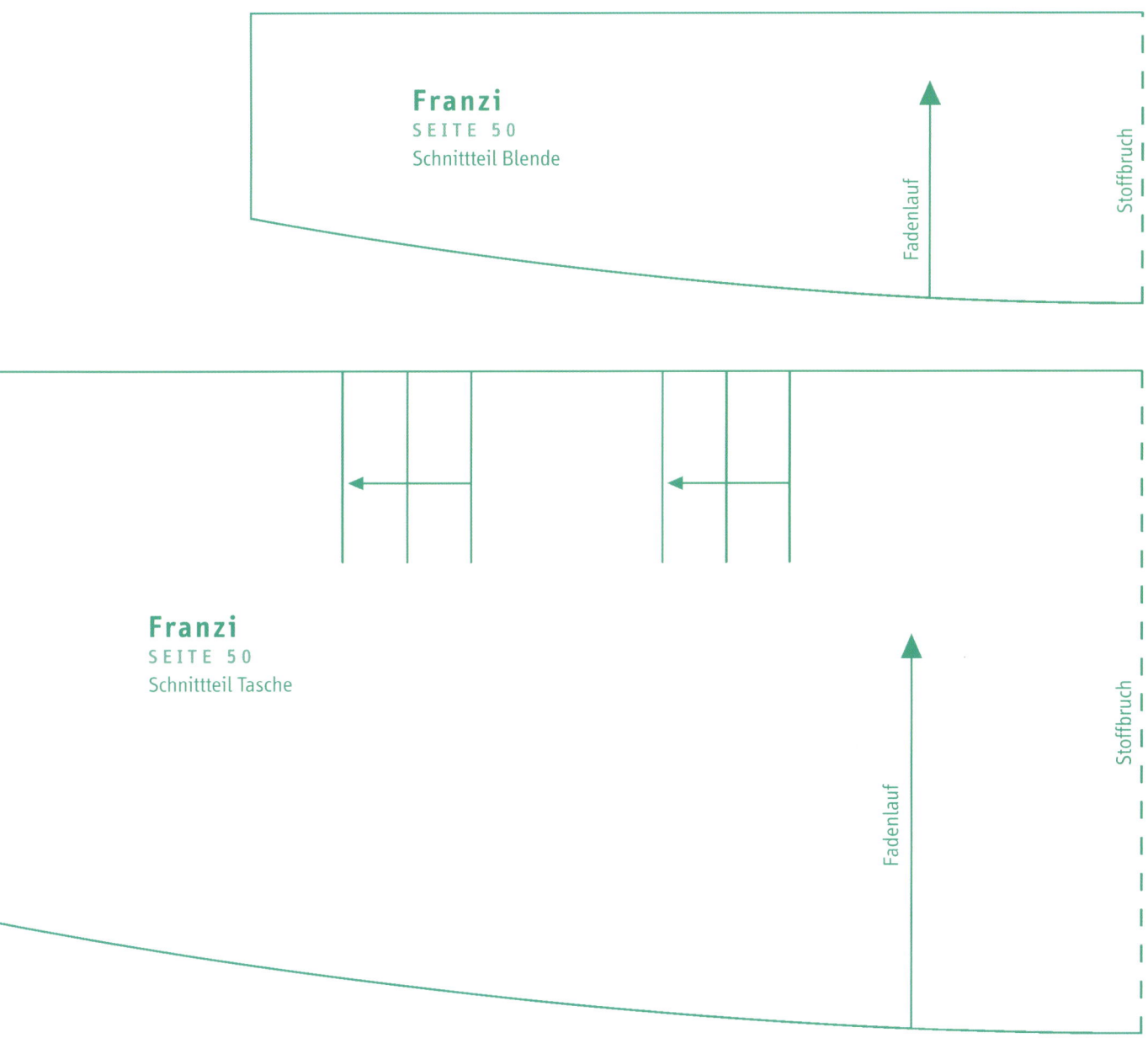

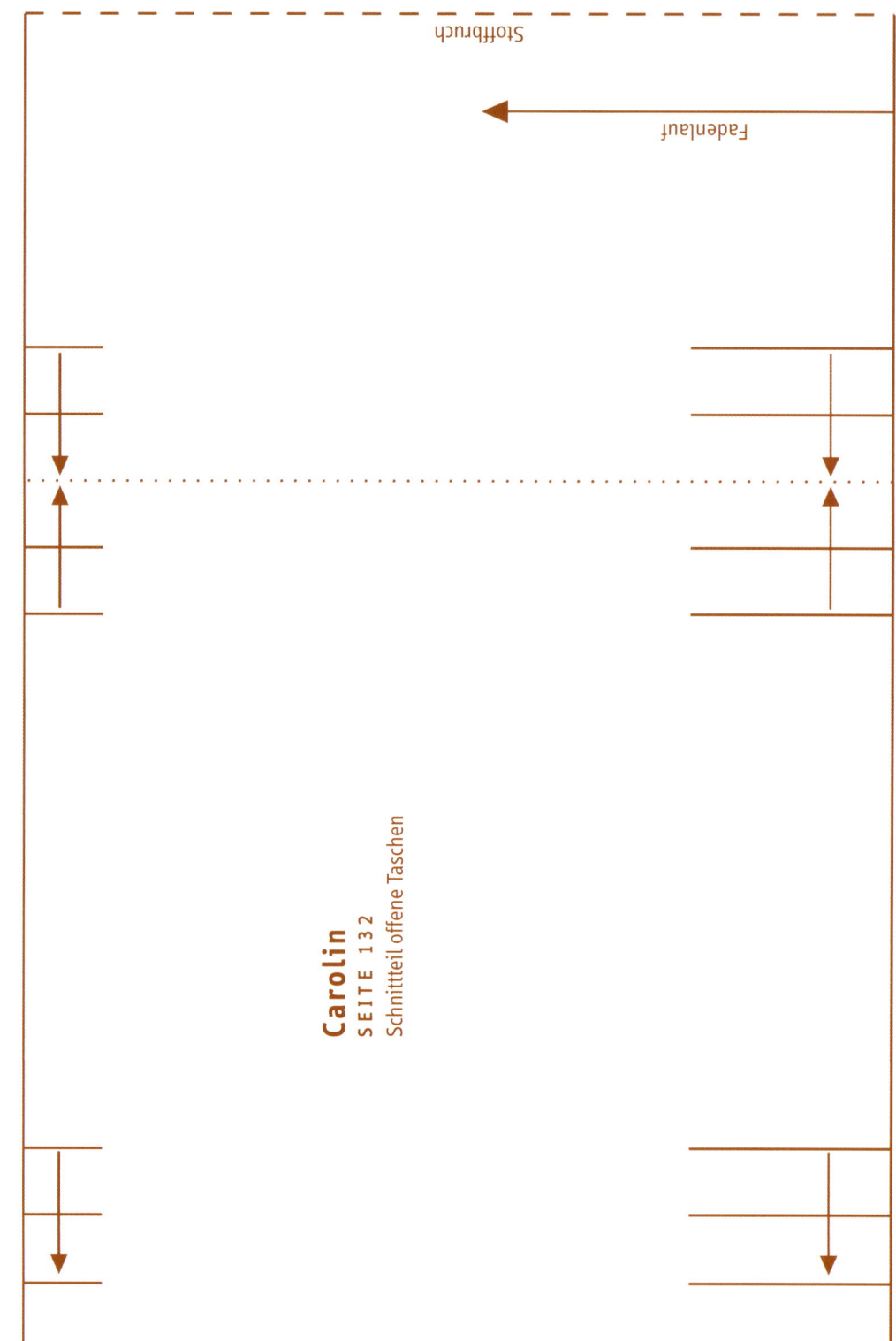

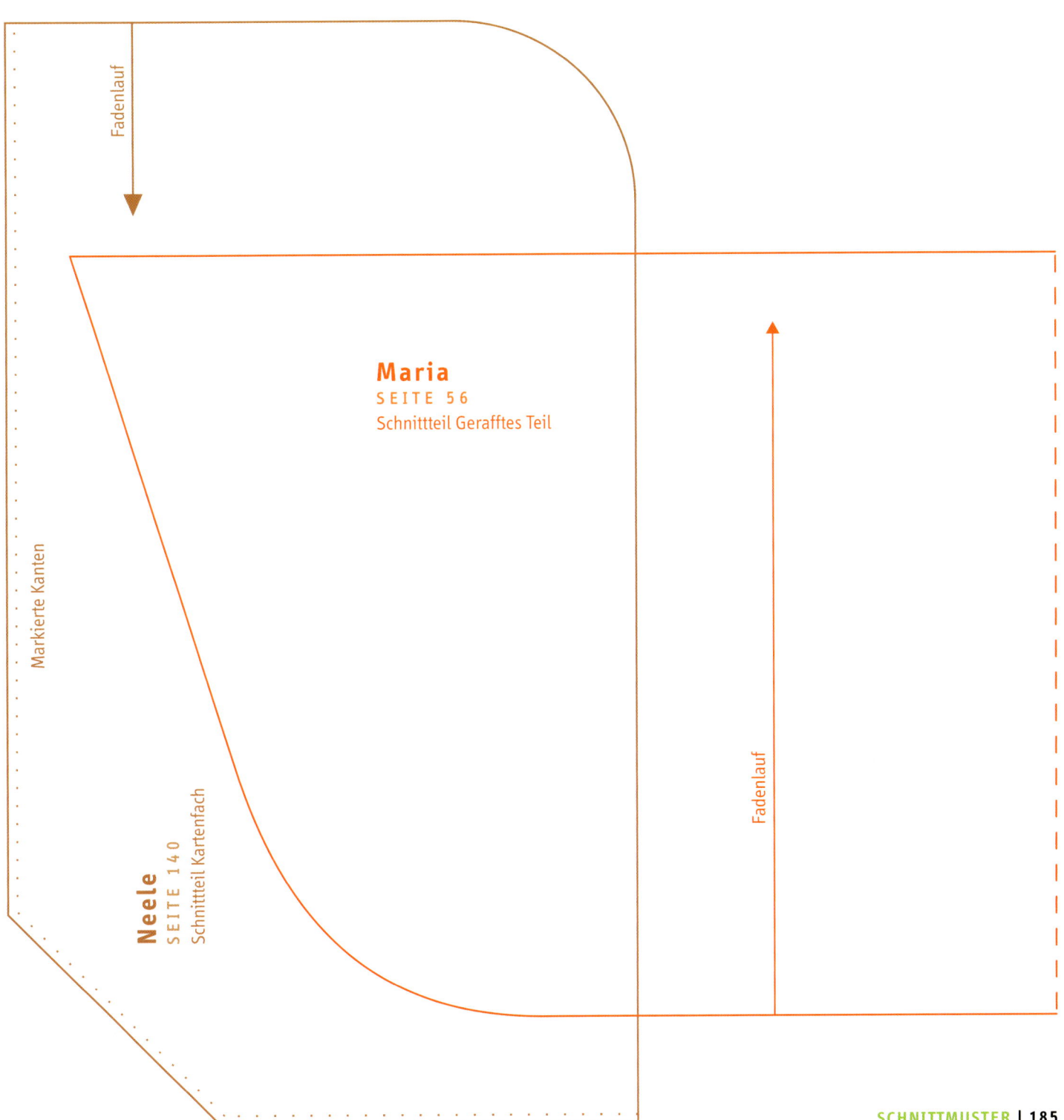

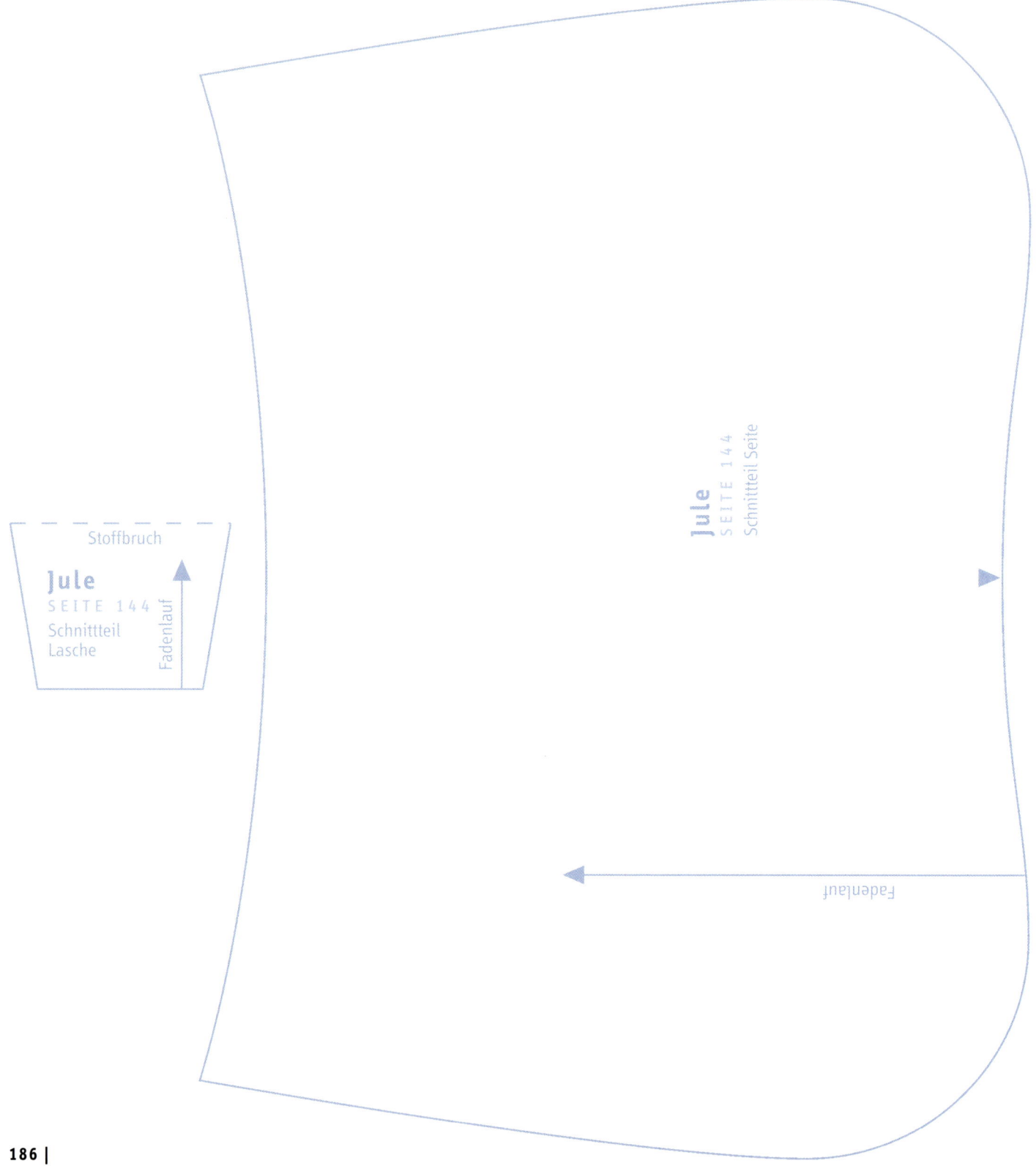

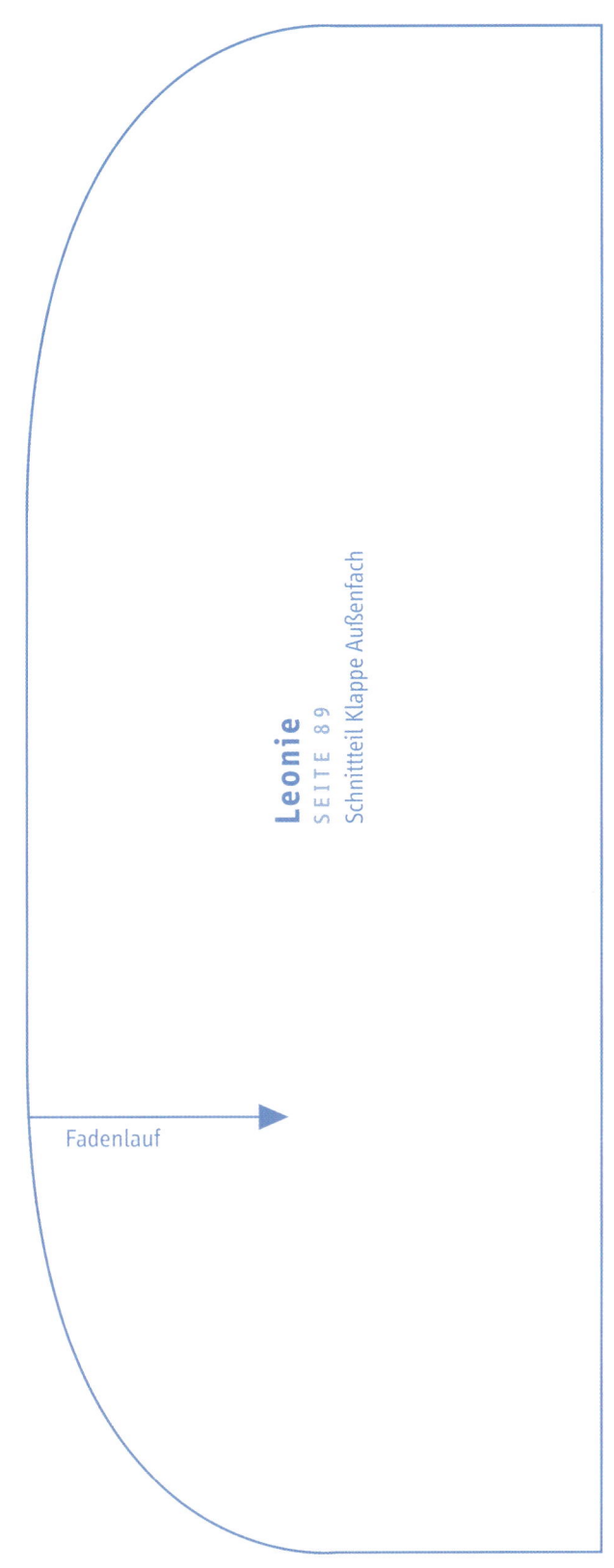

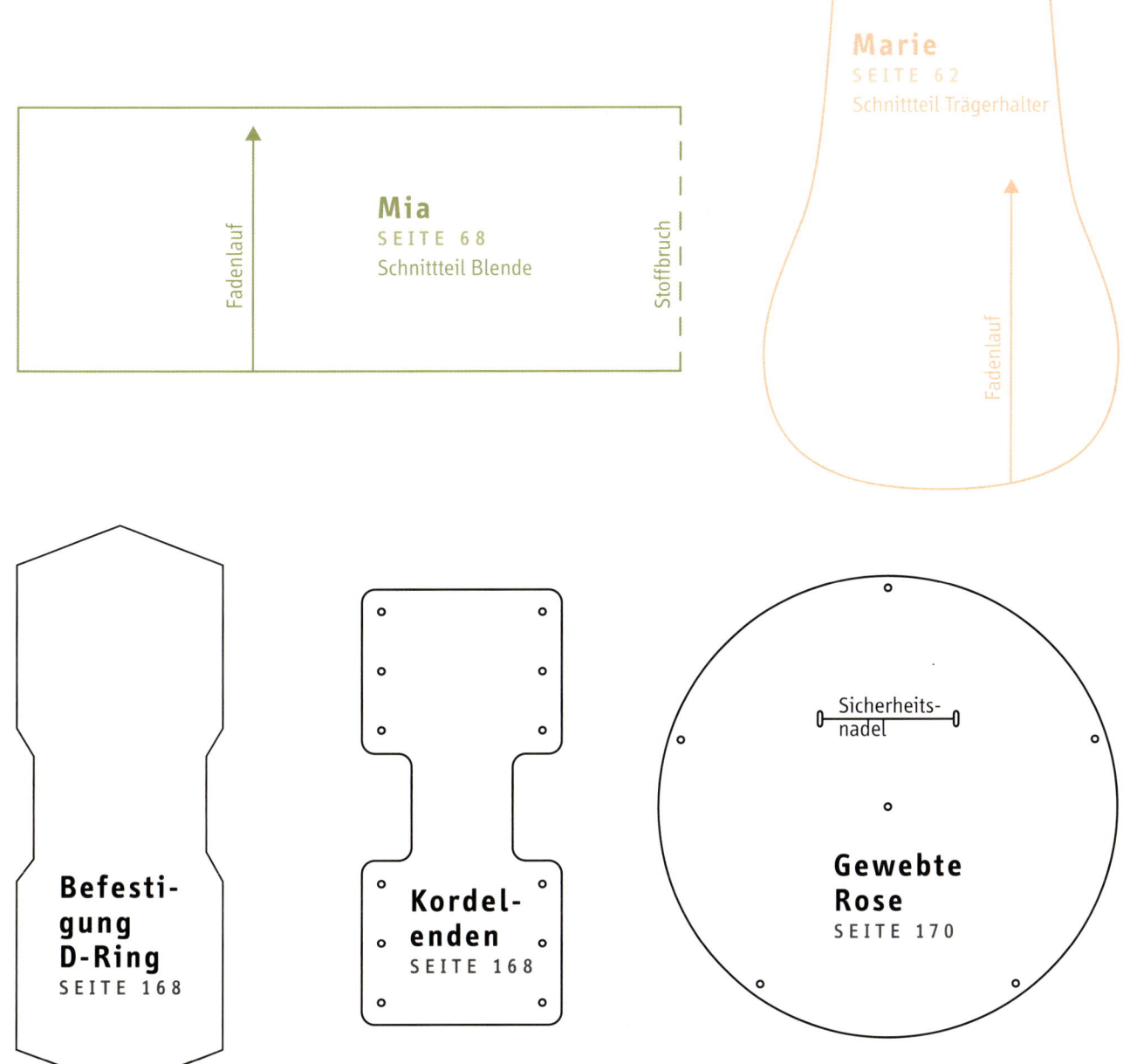

SCHNITTMUSTER | 191

Wir danken den Firmen Coats (Kenzingen), Rayher (Laupheim) und Westfalenstoffe (Münster) für die freundliche Unterstützung mit Materialien.

Genehmigte Sonderausgabe für die Verlagsgruppe Weltbild GmbH, Steinerne Furt 67, D-86167 Augsburg

MODELLE: Malwina Ulrych (S. 6, 9, 15, 18, 27-29, 34-35, 46-47, 52-53, 70-71, 74-75, 86-91, 110-111, 115, 117, 119, 121, 126-127, 130-131, 135-137, 140-141); Miriam Dornemann (alle übrigen)

ILLUSTRATIONEN: Ursula Schwab, Schwab Illustrationen, Handewitt (S. 29, 34-35, 46-47, 52-53, 70, 87-91, 127, 130-131, 136-137, 140, 167 (links), 174-175); Miriam Dornemann (alle übrigen)

FOTOS: frechverlag GmbH, 70499 Stuttgart; Miriam Dornemann (S. 148 (Nähmaschine), 174); lichtpunkt, Michael Ruder, Stuttgart

DRUCK UND BINDUNG: GRASPO CZ, a.s., Tschechien

Materialangaben und Arbeitshinweise in diesem Buch wurden von den Autorinnen und den Mitarbeitern des Verlags sorgfältig geprüft. Eine Garantie wird jedoch nicht übernommen. Autorinnen und Verlag können für eventuell auftretende Fehler oder Schäden nicht haftbar gemacht werden. Das Werk und die darin gezeigten Modelle sind urheberrechtlich geschützt. Die Vervielfältigung und Verbreitung ist, außer für private, nicht kommerzielle Zwecke, untersagt und wird zivil- und strafrechtlich verfolgt. Dies gilt insbesondere für eine Verbreitung des Werkes durch Fotokopien, Film, Funk und Fernsehen, elektronische Medien und Internet sowie für eine gewerbliche Nutzung der gezeigten Modelle. Bei Verwendung im Unterricht und in Kursen ist auf dieses Buch hinzuweisen.

© 2013 **frechverlag** GmbH, 70499 Stuttgart

ISBN 978-3-7724-8965-5